READING JESUS LIGHT

4

리딩지저스 성경통독 라이트
4권 이사야–말라기

2025년 10월 21일 초판 1쇄 발행

펴낸곳 웨스트민스터프레스코리아
펴낸이 줄리어스 김
지은이 웨스트민스터프레스코리아 편집부

웨스트민스터프레스코리아

주소 서울시 강남구 테헤란로 33길 18, 628호
전화 02-2289-9081
이메일 readingjesus@wts.edu

ISBN 979-11-92860-13-8 04230

READING JESUS

그리스도 중심 성경읽기

리딩지저스 성경통독 라이트

4

이사야-말라기

LIGHT

WPK

서문

'성경을 처음부터 끝까지 읽는 것', 많은 그리스도인이 마음속에 품고 있는 소망이자 과제입니다. 많은 교회에서 새해가 시작될 때마다 성경읽기표를 나누고 "올해는 성경을 일독합시다"라는 목표를 세우지만 실제 완독률은 그리 높지 않습니다. 성경 통독은 단순한 결심이나 습관으로는 지속하기 어려운 여정이기 때문입니다. 바쁜 일상, 이해하기 어려운 본문, 흐름을 따라가기 힘든 구조 등 여러 이유로 성경 통독은 여전히 많은 이들에게 힘든 도전으로 남아 있습니다.

하지만《리딩지저스》출간 이후, 이 여정이 조금 달라졌습니다. 많은 교회와 성도들이 성경을 처음부터 끝까지 읽는 것이 가능할 뿐 아니라 교회 공동체가 함께할 때 더 큰 유익이 있음을 경험하고 있습니다. 그동안 어렵게만 느껴졌던 성경 일독이 가능해진 것입니다. 창세기부터 요한계시록까지 성경을 순서대로 따라가며, 하나님께서 성경을 주신 목적과 의미를 되새기고, 성경의 큰 그림 안에서 예수 그리스도를 바라보는 여정, 이것이 그리스도 중심 성경 읽기《리딩지저스》의 핵심입니다.

예수님은 말씀하셨습니다. "너희가 성경에서 영생을 얻는 줄 생각하고 성경을 연구하거니와 이 성경이 곧 내게 대하여 증언하는 것이니라"(요한복음 5:39). "모세를 믿었더라면 또 나를 믿었으리니 이는 그가 내게 대하여 기록하였음이니라"(요한복음 5:46). 또한 부활하신 후 엠마오로 가던 제자들에게, 모세와 선지자의 글 전체가 자신에 관한 것임을 자세히 설명하셨고(누가복음 24:27), 또 다른 제자들과 함께하셨을 때는 그들의 마음을 열어 모세의 율법과 선지자와 시편, 즉 구약 전체가 자신을 가리킨다는 사실을 깨닫게 하셨습니다(누가복음 24:44-45).

《리딩지저스》는 예수님께서 친히 가르쳐 주신 방식으로 성경을 읽도록 돕습니다. 구약성경의 중심 메시지가 예수 그리스도이심을 발견하고, 성경 전체에 흐르는 그분의 복음을 만나도록 안내합니다.

《리딩지저스 성경통독 라이트》는《리딩지저스》보다 더 쉽고 실용적인 통독 워크북을 바라는 요청을 반영해 만들어졌습니다. 주차별 영상, 통독 분량에 맞춘 오디오 바이블, 따라가기 쉬운 성경 읽기 안내, 소모임 나눔을 위한 장까지, 누구든《리딩지저스 성경통독 라이트》와 함께 부담 없이 성경 통독을 시작하고 끝까지 함께 갈 수 있도록 구성했습니다. 그래서 성경 통독을 처음 시작하거나, 공동체와 함께 처음 말씀을 읽어 가려는 이들을 위해 쉽고 실용적으로 구성했습니다. 그러나 그리스도 중심 설교를 준비하는 목회자나 교회의 중직자, 평신도 리더들이라면, 이번 책보다 더 심화된 내용을 담고 있는《리딩지저스》를 함께 참고하시기를 권합니다. 성경 각 권에 담긴 복음의 메시지를 더 깊이 있게 다루며, 설교와 교육, 제자훈련 등의 실제 사역에 유익한 통찰을 제공합니다.

《리딩지저스 성경통독 라이트》와 함께 그리스도 중심으로 성경을 읽는다는 것은 단순한 지식이나 느낌을 넘어 예수님께 우리의 시선을 고정하는 경험입니다. 그분만이 우리 삶을 진정으로 변화시키신다는 복음의 능력을 날마다 새롭게 다시 입는 여정입니다. 그리고 이 여정은 혼자 걸을 때보다 교회가 함께할 때 더욱 풍성해집니다.《리딩지저스 성경통독 라이트》와 함께 주님의 말씀을 따라가는 이 길을 여러분이 같이 걸으면 좋겠습니다.

《리딩지저스》 소개

《리딩지저스》는 예수 그리스도 중심으로 성경 전체를 읽도록 안내하는 성경읽기 프로그램입니다. 미국 웨스트민스터 신학교의 성경신학 강의를 기반으로 독자적으로 개발된 이 프로그램은 교회와 성도들이 성경의 큰 흐름을 따라가며 바른 신학적 틀 안에서 복음을 발견하고 삶에 적용할 수 있도록 안내합니다. 다양한 자료들을 활용하여 온 교회가 함께 성경을 1년에 일독할 수 있도록 돕습니다.

성경을 처음부터 끝까지, 순서대로

《리딩지저스》는 창세기부터 요한계시록까지 성경 전체를 순서대로 읽도록 안내합니다. 복잡한 해설 없이 본문의 핵심을 간결하게 안내하며 매일 정해진 범위를 읽어 나가도록 구성되어 있습니다. 각 권마다 제공되는 성경 수업 일러스트 영상으로, 성경의 큰 흐름을 이해하고 신뢰할 수 있는 신학적 틀 안에서 말씀을 읽을 수 있도록 도와줍니다.

예수님 중심으로, 예배하는 마음으로

《리딩지저스》는 성경이 하나님의 감동으로 기록된 말씀이라는 신앙고백 위에 세워져 있습니다. 성경 전체를 통해 예수 그리스도의 복음을 발견하도록 인도하며, 그 복음의 능력은 우리를 하나님께 영광을 돌리도록 이끕니다. 이때 성경읽기는 단순한 독서가 아니라 하나님을 영화롭게 하는 예배가 됩니다. 말씀을 통해 예수님을 더 깊이 알고, 그분을 더욱 사랑하게 됩니다.

하루 30분, 보고 듣고 읽고

《리딩지저스》는 통독을 위한 다양한 자료를 제공합니다. 각 주의 성경 흐름을 정리한 영상뿐만 아니라, 본문 분량에 맞춘 오디오 성경을 함께 활용하면 하루 30분 안에 말씀을 보고, 듣고, 읽는 것이 가능해집니다. 모든 자료를 교재 안의 QR코드를 통해 쉽게 접근할 수 있어 누구나 부담 없이 시작할 수 있고, 꾸준히 지속할 수 있습니다.

온 교회를 위한 성경읽기

《리딩지저스》는 개인, 소모임, 전교인 공동체 모두가 사용할 수 있도록 구성되어 있습니다. 실제로 많은 교회에서 주일 설교와 연계한 전교인 성경 통독, 소그룹 양육, 제자훈련 교재로 활용하고 있으며, 말씀 중심의 교회를 세우는 데 유익한 도구로 사용하고 있습니다.

《리딩지저스》는 다음과 같이 여섯 권으로 나뉘어 있으며, 총 45주 안에 성경 전체를 일독할 수 있도록 구성되어 있습니다.

그리스도 중심으로 창세기부터 요한계시록까지

1권 창세기-여호수아(7주)

2권 사사기-에스더(8주)

3권 욥기-아가(7주)

4권 이사야-말라기(9주)

5권 마태복음-로마서(7주)

6권 고린도전서-요한계시록(7주)

《리딩지저스》는 성경 통독을 시작할 수 있도록 돕는 단순하지만 깊이 있는 도구입니다. 예수님과 동행하는 그리스도 중심 성경읽기를 제안합니다.

이 책의 활용법

1. 성경읽기를 한눈에

14쪽에 있는 **성경읽기 일정표**를 열어 보세요. 《리딩지저스 성경통독 라이트》 4권을 따라서 "이사야-말라기"를 9주간 통독하는 전체 과정을 볼 수 있습니다. 시작이 반이라는 말이 있죠. 여기서 마음을 다잡고 시작하는 거예요. 차근차근 따라가다 보면 45주간 창세기부터 요한계시록까지 1년에 일독하는 과정을 마칠 수 있습니다.

2. 영상으로 시작

각 장 맨 앞에는 **리딩지저스 영상**이 있습니다. 이번 주에 읽을 성경의 줄거리와 신학 주제를 알려 주고, 그리스도 중심이라는 큰 그림 안에서 성경을 이해하도록 돕습니다. 휴대폰으로 QR 코드를 찍으면 바로 영상으로 연결할 수 있어요.

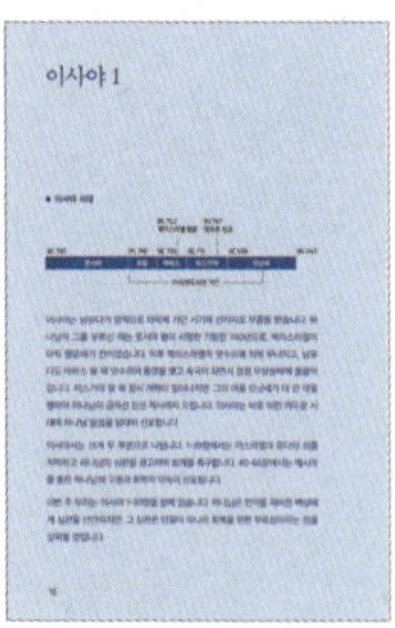

3. 이번 주 성경 개관

자, 이제 시작입니다. 한 주간 읽을 성경의 **전체 구조와 흐름**을 한눈에 볼 수 있어요. 성경 내용이 다소 길게 느껴질 때도 여기서 준비운동만 잘하면 길을 잃지 않고 완주할 수 있어요.

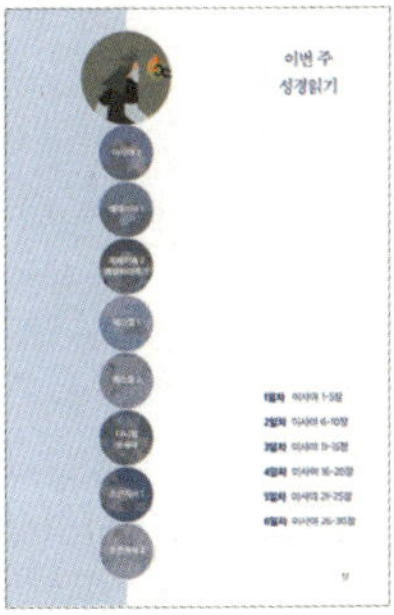

4. 통독 과정 확인

통독하다 보면 어디쯤 읽고 있는지, 얼마나 읽어야 하는지를 잊고 무작정 읽을 때가 많습니다. **이번 주 성경읽기**는 성경 전체 내용 중 어디쯤 읽고 있는지도 알려 주고, 이번 주에 통독할 구간이 어디인지도 자세히 알려 줍니다.

5. 하루에 한 쪽씩

① 통독 본문 읽기/듣기
오늘의 성경 본문을 읽습니다. QR 코드를 찍으면 오디오 바이블로 연결됩니다.

② 통독 본문 요약
오늘의 본문을 이해할 수 있도록 돕는 내용입니다. 먼저 읽고 통독하셔도 좋고, 통독한 다음에 정리하는 용도로 보셔도 좋습니다.

③ 묵상 노트
자신만의 묵상을 이곳에 적어봅니다. 기억에 남은 말씀이나 기도도 물론 괜찮습니다.

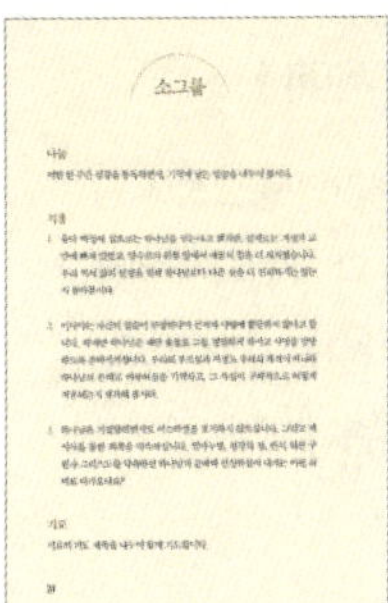

6. 함께 모여서 나눔

소그룹으로 모여서 한 주간 읽은 성경을 놓고 함께 이야기 나누면 더욱 좋습니다. 자신이 묵상한 내용이나 기억에 남았던 성경 구절을 꺼내 놓아도 괜찮고, 적용 질문에 답하며 서로를 응원하고 격려해도 좋습니다.

리딩지저스를 더 깊이 만나는 방법

리딩지저스 웹사이트 readingjesus.net

리딩지저스와 관련한 다양한 자료와 리딩지저스를 활용하는 교회들의 실제 사례를 확인하실 수 있습니다.

리딩지저스 유튜브 채널

리딩지저스 영상, 리딩지저스 오디오 바이블, 그 외 다양한 리딩지저스 활용 콘텐츠와 소식을 영상으로 만날 수 있습니다.

리딩지저스 컨퍼런스

그리스도 중심 성경읽기의 중요성을 확인하고 말씀으로 교회가 하나 되는 구체적인 사례와 방법론을 현장에서 생생하게 제시합니다.

리딩지저스 인도자 세미나

그리스도 중심 성경읽기의 중요성에 공감하여 리딩지저스를 각 교회에서 활용하기를 원하는 목회자들을 구체적이고 실제적인 방법으로 돕습니다.

목차

성경읽기 일정표 이사야-말라기

	교재	1일차	2일차	3일차	4일차	5일차	6일차
1주	이사야 1	사 1-5	사 6-10	사 11-15	사 16-20	사 21-25	사 26-30
2주	이사야 2	사 31-36	사 37-42	사 43-48	사 49-54	사 55-60	사 61-66
3주	예레미야 1	렘 1-5	렘 6-10	렘 11-15	렘 16-20	렘 21-25	렘 26-30
4주	예레미야 2 예레미야애가	렘 31-35	렘 36-40	렘 41-45	렘 46-50	렘 51-52	애 1-5
5주	에스겔 1	겔 1-4	겔 5-8	겔 9-12	겔 13-16	겔 17-20	겔 21-24
6주	에스겔 2	겔 25-28	겔 29-32	겔 33-36	겔 37-40	겔 41-44	겔 45-48
7주	다니엘 호세아	단 1-4	단 5-8	단 9-12	호 1-5	호 6-10	호 11-14
8주	소선지서 1	욜 1-암 3	암 4-9	옵 1-욘 4	미 1-7	나 1-합3	습 1-3
9주	소선지서 2	학 1-2	슥 1-5	슥 6-10	슥 11-14	말 1-2	말 3-4

ISAIAH 1

이사야 1

QR 코드를 찍으면 '이사야' 리딩지저스 영상으로 바로 연결됩니다

이사야 1

● 이사야 시대

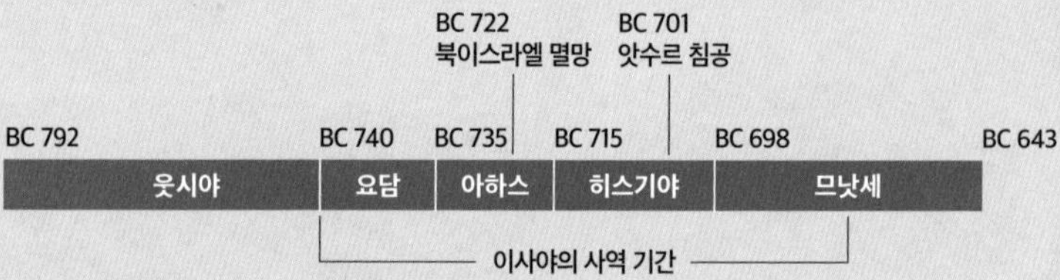

이사야는 남유다가 영적으로 타락해 가던 시기에 선지자로 부름을 받습니다. 하나님이 그를 부르신 때는 웃시야 왕이 사망한 기원전 740년으로, 북이스라엘이 아직 멸망하기 전이었습니다. 이후 북이스라엘이 앗수르에 의해 무너지고, 남유다도 아하스 왕 때 앗수르와 동맹을 맺고 속국이 되면서 점점 우상숭배에 물들어 갑니다. 히스기야 왕 때 잠시 개혁이 일어나지만, 그의 아들 므낫세가 더 큰 악을 행하며 하나님이 금하신 인신 제사까지 드립니다. 이사야는 바로 이런 어두운 시대에 하나님 말씀을 담대히 선포합니다.

이사야서는 크게 두 부분으로 나뉩니다. 1-39장에서는 이스라엘과 유다의 죄를 지적하고 하나님의 심판을 경고하며 회개를 촉구합니다. 40-66장에서는 메시아를 통한 하나님의 구원과 회복의 약속이 선포됩니다.

이번 주 우리는 이사야 1-30장을 함께 읽습니다. 하나님은 언약을 저버린 백성에게 심판을 선언하지만, 그 심판은 단절이 아니라 회복을 위한 부르심이라는 점을 살펴볼 것입니다.

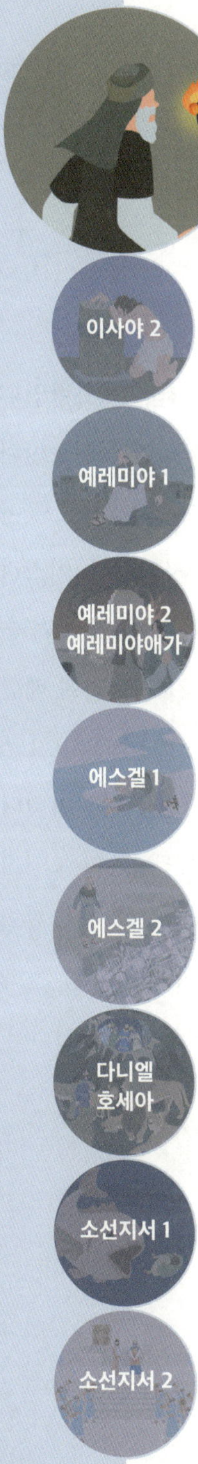

이번 주 성경읽기

1일차 이사야 1-5장

2일차 이사야 6-10장

3일차 이사야 11-15장

4일차 이사야 16-20장

5일차 이사야 21-25장

6일차 이사야 26-30장

1일차

이사야 1-5장

오디오 바이블

심판 가운데 피어나는 구원의 소망

선지자는 모세의 전형을 따라 하나님의 말씀을 전하는 사람입니다. 마치 법정의 검사처럼 백성의 죄를 고발하고 심판을 선포합니다. 모세 율법을 기준으로 백성의 죄를 지적하며, "회개하고 돌아오라"라고 경고합니다. 이사야 선지자도 마찬가지입니다. 이스라엘의 죄악을 강하게 비판하고 심판을 선언합니다. "너희가 즐겨 순종하면 땅의 아름다운 소산을 먹을 것이요 너희가 거절하여 배반하면 칼에 삼켜지리라 여호와의 입의 말씀이니라"(1:19-20). 1-5장에서 여호와 하나님은 '검사'처럼 이스라엘 백성을 비판합니다(1:18; 3:13; 5:7). 이런 고소 앞에서 이스라엘에게는 희망이 보이지 않습니다. 그러나 하나님은 친히 구원을 약속하십니다. 여호와의 날에 '여호와의 싹' 그리스도가 이 땅에 오실 것입니다(4:2). 그때 비로소 하나님의 구원은 이스라엘에게 완전히 이루어질 것입니다.

묵상 노트

2일차

이사야 6-10장

오디오 바이블

거룩한 부르심, 영원한 약속

웃시야 왕이 죽던 해, 이사야는 환상 중에 하나님을 만납니다. 그리고 이스라엘 백성에게 심판을 선포하라는 사명을 받습니다. 당시 유다는 강대국 애굽과 앗수르 사이에서 갈팡질팡했습니다. 언약의 하나님보다 눈에 보이는 세상의 힘을 따르는 백성들에게 심판의 날이 다가오고 있었습니다. 하나님은 유다가 의존하려는 바로 그 앗수르를 통해 유다를 치시겠다고 경고하십니다(8:5-8). 앗수르도 결국 하나님이 사용하시는 도구에 불과합니다(10:5-19). 하나님은 일시적인 심판 후에 그들을 정결하게 하실 것입니다. 믿음의 남은 자들을 회복하실 것입니다(10:20-23). 특히 이사야 7장과 9장에는 그리스도의 성육신을 예표하는 예언과 약속의 말씀이 담겨 있습니다(7:14; 9:6-7). 하나님의 아들 이스라엘의 실패는 하나님의 영원한 아들 예수 그리스도의 나심으로 회복될 것입니다. 모든 남은 자들은 그리스도를 통해 하나님께로 돌아올 것입니다(10:20-21).

묵상 노트

3일차

이사야 11-15장

오디오 바이블

그날 임하실 왕, 심판과 회복의 주

이사야 11장은 '그날' 다윗의 후손으로 오실 그리스도를 예언합니다(1, 10절). 여호와의 그날은 신약성경에 이르러 두 부분, 그리스도의 초림과 재림으로 나뉩니다. 이사야서의 심판 메시지는 역사 속에서 실제로 이루집니다. 유다와 이스라엘은 물론이고 앗수르와 바벨론 같은 이방 나라들도 각각 심판을 받습니다. 그러나 우주적 심판과 열방의 회복, 예언의 궁극적 성취는 그리스도께서 다시 오실 그날에 완성될 것입니다. 이사야는 바벨론, 앗수르, 블레셋을 향해서도 경고의 말씀을 선포합니다. 하나님은 바벨론과 앗수르에 포로로 잡혀간 자들을 다시 모을 것이라고 약속하십니다(14:1-2). 동시에 심판의 도구로 사용된 강대국들은 그들의 죄악에 따라 공의의 심판을 받을 것이라고 경고하십니다(14:22).

묵상 노트

4일차

이사야 16-20장

오디오 바이블

만군의 여호와, 세상의 주인

열방을 향한 경고와 심판의 메시지는 모압(15-16장), 아람(17장), 구스(18장), 애굽(19장)에까지 이릅니다. 이들은 우상을 숭배하고 약한 자들을 짓밟는 등 교만하게 행했습니다. 하나님 앞에서 그 죄악이 차올랐습니다. 선지자는 하나님을 "만군의 여호와"라고 부릅니다. 세상의 강대국들이 하나님 백성을 압도하는 듯 보여도, 온 세상의 주재이신 하나님이 친히 그들을 심판하실 것입니다. 이사야는 20장에서 벗은 몸과 벗은 발로 다니며 하나님 말씀을 행동으로 증거합니다. 그가 예언한 대로 강대국이었던 애굽과 구스는 앗수르에 의해 멸망합니다. 그러나 열방을 향한 심판의 경고 끝에 하나님은 놀라운 약속을 주십니다. 하나님께서 친히 선택한 백성들을 반드시 여호와께로 돌아오게 할 것입니다(19:16-25). 이는 신약 시대에 참 이스라엘이신 그리스도를 통해 온 열방이 주의 교회로 돌아올 것을 바라보게 합니다.

묵상 노트

5일차

이사야 21-25장

오디오 바이블

만국을 심판하시는 왕, 시온에 베푸신 연회

심판의 메시지는 이스라엘의 주변 나라들에도 선포됩니다. 바벨론과 두마, 아라비아와 환상의 골짜기, 두로와 시돈 등 당대의 강대국들이 그 대상입니다. 심지어 유다의 국고와 왕궁을 맡은 신하 셉나에게도 하나님의 경고가 임합니다. 강대국이든 유력한 사람이든 하나님 앞에서 예외는 없습니다. 여호와 하나님의 '그날'은 24장에서 절정에 달하고, 우주적 심판으로 묘사됩니다. 하나님은 이날에 모든 교만한 왕들을 벌하시고 친히 시온산과 예루살렘에서 왕이 되실 것입니다(24:21-23). 선지자는 하나님의 메시지를 듣고 하나님의 왕 되심을 높이며 찬양합니다. 하나님은 시온산에서 연회를 베푸시고 사망을 영원히 멸하실 것이라는 예언을 주십니다. 이는 예수 그리스도의 오심과 십자가 고난, 부활로 성취되었습니다. 그리고 그리스도의 다시 오심으로 완성될 것입니다(25:6-8).

묵상 노트

6일차

이사야 26-30장

오디오 바이블

영원한 반석 위의 최종 승리

이사야 선지자는 이스라엘을 향해 선포합니다. 여호와 하나님이 영원한 반석이므로 하나님만을 견고히 의지하라고 말씀합니다(26:4). 여호와의 그날은 하나님이 뱀 리워야단을 친히 심판하시고 백성을 불의와 죄악에서 회복시킴으로 절정에 이를 것입니다(27:1). 이는 창세기 3장에서 여자의 후손이 뱀의 후손의 머리를 상하게 할 것이라는 하나님의 약속을 떠올리게 합니다. 공의로우신 하나님은 에브라임의 죄악을 분명히 심판하겠다고 말씀하십니다. 그들이 입술로는 하나님을 공경하지만 마음으로는 떠났기 때문입니다(29:13). 그러나 동시에 회복의 은혜도 약속하십니다. 하나님이 두신 한 돌을 견고한 기촛돌로 삼아 예루살렘을 회복하실 것입니다(28:16). 선지자는 애굽을 의지하는 이스라엘을 향해 경고합니다. 그러나 하나님은 긍휼과 정의의 하나님입니다. 하나님을 기다리는 자에게 복이 있을 것입니다(30:18).

묵상 노트

소그룹

나눔

이번 한 주간 성경을 통독하면서, 기억에 남는 말씀을 나누어 봅시다.

적용

1. 유다 백성이 입으로는 하나님을 믿는다고 했지만, 실제로는 거짓과 교만에 빠져 있었고, 앗수르의 위협 앞에서 애굽의 힘을 더 의지했습니다. 우리 역시 삶의 안정을 위해 하나님보다 다른 것을 더 신뢰하지는 않는지 돌아봅시다.

2. 이사야는 자신의 입술이 부정하다며 선지자 사명에 합당하지 않다고 합니다. 하지만 하나님은 제단 숯불로 그를 정결하게 하시고 사명을 감당하도록 준비시키십니다. 우리의 부르심과 사명도 우리의 자격이 아니라 하나님의 은혜로 이루어짐을 기억하고, 그 사실이 구체적으로 어떻게 적용되는지 생각해 봅시다.

3. 하나님은 거절당하면서도 이스라엘을 포기하지 않으십니다. 그리고 메시아를 통한 회복을 약속하십니다. 임마누엘, 평강의 왕, 반석 되신 구원자 그리스도를 약속하신 하나님의 은혜와 신실하심이 내게는 어떤 의미로 다가오나요?

기도

서로의 기도 제목을 나누며 함께 기도합니다.

ISAIAH 2

이사야 2

QR 코드를 찍으면 '이사야' 리딩지저스 영상으로 바로 연결됩니다

이사야 2

이사야서 후반부에서는 하나님의 심판 메시지가 점점 구원과 위로의 메시지로 전환됩니다. 특히 40장부터는 "너희는 위로하라 내 백성을 위로하라"(40:1)라는 선언과 함께, 메시아를 통한 구원과 회복의 약속이 본격적으로 선포됩니다.

또한 고난받는 여호와의 종, 즉 죄인을 대신해 희생당하는 메시아의 모습을 생생히 묘사하는데, 이를 통해 우리는 예수님이 어떻게 이사야의 예언을 성취하셨는지를 알 수 있습니다. 하나님은 고난받는 종을 통해 하나님 백성의 죄를 사하시고 그들을 새롭게 하시며, 새 하늘과 새 땅과 새 예루살렘이라는 종말의 소망을 약속하십니다. 그 회복은 한 민족만을 위한 것이 아니라 열방과 온 우주를 향한 하나님의 구원 계획입니다.

이번 주 우리는 이사야 31-66장을 함께 읽으며, 심판을 넘어 구원과 회복으로 그 백성을 이끄시는 하나님의 놀라운 은혜를 살펴볼 것입니다. 하나님 백성의 진정한 위로는 하나님에게서 온다는 사실을 온전히 깨닫고, 약속된 메시아로 오신 예수님으로 말미암아 우리에게 주어지는 궁극적인 구원과 회복을 깊이 소망하는 시간이 되기를 바랍니다.

이번 주 성경읽기

1일차 이사야 31-36장

2일차 이사야 37-42장

3일차 이사야 43-48장

4일차 이사야 49-54장

5일차 이사야 55-60장

6일차 이사야 61-66장

1일차

이사야 31-36장

오디오 바이블

세상의 힘을 의지하지 말고
하나님의 통치를 소망하라

여호와 하나님이 유다에게 던지는 경고는 명확합니다. “애굽이나 앗수르 같은 주변 강대국을 의지하지 마라.” 강성해 보이는 그들도 결국 하나님의 칼 앞에 무너질 것입니다. 하지만 심판의 경고 속에서도 메시아를 통한 회복과 은혜의 약속이 끊임없이 주어집니다. 장차 한 왕이 공의로 통치할 것인데(32:1), 이 말씀은 신약 시대에 이르러 그리스도께서 왕위에 등극하신 후에(부활 승천) 성령의 오심을 기대하게 합니다(32:15). 하나님은 그 보복의 날에 그분을 거역한 열방의 원수들을 친히 심판하실 것입니다(34:8). 그러나 이날은 하나님의 구속받은 백성들에게는 구원의 날이 됩니다. 시온이 회복되어 영원한 즐거움을 누리는 날이 될 것입니다(35:5-10).

묵상 노트

2일차

이사야 37-42장

오디오 바이블

믿음의 승리, 교만의 함정

이사야 36-39장은 열왕기하 18-20장과 거의 동일한 내용입니다. 앗수르 대군이 유다 전역을 침공해 예루살렘까지 포위합니다. 앗수르 왕 산헤립의 신하 랍사게는 예루살렘 주민들을 겁박합니다(36:4-20). 이사야 선지자가 유다 왕 히스기야에게 하나님의 말씀을 전합니다. "하나님이 앗수르에게서 유다를 구원하실 것이다." 선지자의 말대로 여호와의 사자가 하룻밤 새 앗수르 병사 18만 5천 명을 쳐서 예루살렘에서 물러나게 합니다(37:36-38). 이후 히스기야는 죽을병에 걸리지만 언약의 하나님께 믿음으로 기도하고 회복됩니다. 그런데 나라의 평화와 개인의 안위가 찾아오자 마음이 높아집니다. 40장부터는 위로와 희망의 말씀이 선포됩니다. 하나님은 온 세상보다 크고 위대하시며, 자기 백성에게 은혜와 구원을 베푸시는 분입니다. 이제 그 하나님이 충성된 종을 보내어 백성을 회복하시고 이방에 정의를 베푸실 것입니다(42:1).

묵상 노트

3일차

이사야 43-48장

오디오 바이블

새 역사의 시작

이사야서 후반부의 핵심 메시지는 위로와 회복이지만, 여전히 죄에 대한 고발과 심판의 메시지도 이어집니다(43:22-28). 창조주 하나님은 그가 택하신 이스라엘을 위해 새 일을 행하겠다고 말씀하십니다(48:6). 이는 바벨론 포로로 잡혀갈 유다 민족의 구원 이야기입니다. 그리고 놀라운 예언이 등장합니다. 이사야는 약 150년 뒤에 나타날 페르시아 왕 고레스에 대해 예언합니다. 45장에서는 여호와 하나님이 친히 고레스를 들어 그분의 종으로 쓰실 것을 선언하고, 46장에서는 바벨론의 우상 신들을 치실 것이라고 말씀하십니다. 47장에서는 바벨론의 심판, 48장에서는 이스라엘의 구원이 선포됩니다. 여호와께서 정하신 종을 통한 구원과 이스라엘의 회복은 궁극적으로 여호와의 참 종 예수 그리스도의 오심과 대속을 통해 성취될 것입니다.

묵상 노트

4일차

이사야 49-54장

오디오 바이블

고난받는 종, 열방의 빛으로

하나님의 주권적인 구원으로 회복된 이스라엘이 이방에 빛을 비추는 영광스러운 종으로 쓰임받을 것입니다(49:6). 하나님의 구원이 이스라엘이라는 민족을 넘어서 온 인류를 향해 선포됩니다. 그런데 이 일을 위해서는 여호와의 종이 고난받아야 합니다. 이스라엘이 받아야 할 죄의 심판을 대신 받는 대속이 있어야 합니다. 그래야 하나님의 구원이 이스라엘과 온 열방에 허락될 수 있기 때문입니다. 이사야 53장이 그 놀라운 예언을 담고 있습니다. 예수 그리스도께서 하나님의 종이자 어린양으로 이 땅에 오셔서 그 말씀을 온전히 성취하실 것입니다(53:7-8). 하나님의 자비가 이렇게 흘러갑니다. 여호와의 종 그리스도를 통해 먼저 이스라엘에게, 그리고 이스라엘을 넘어 온 인류에게 선포됩니다. 신약 시대를 살아가는 우리는 이제 예수 그리스도의 거룩한 신부로 살아갑니다(54:5).

묵상 노트

5일차

이사야 55-60장

오디오 바이블

회개하라, 여호와께로 돌아오라

하나님은 심판을 경고하실 뿐 아니라 죄인들을 초청하십니다. "오호라 너희 모든 목마른 자들아 물로 나아오라"(55:1). "악인은 그의 길을, 불의한 자는 그의 생각을 버리고 여호와께로 돌아오라"(55:7). 이 초청이 이스라엘을 넘어 이방까지 확장됩니다(56장). 위로와 회복이라는 큰 흐름 안에서도 거짓 목자들(56:10)과 우상 숭배에 대한 책망은 계속됩니다(57:1-10). 58장은 여호와께서 기뻐하시는 금식과 안식일 준수을 자세히 다룹니다. 59장에 다시 죄악에 대한 책망과 규탄이 나오고, 하나님의 언약으로 말미암은 구원의 뜻을 들려줍니다. 이어서 예루살렘이 받을 영광이 선포됩니다. 여호와 하나님이, 버림당하고 미움받았던 예루살렘의 영원한 빛이 될 것입니다. 예루살렘은 이방에 빛을 비추는 영광스러운 도시가 될 것입니다(60:15-22). 이 약속은 그리스도께서 다시 오시는 그날 새 하늘과 새 땅에서, 새 예루살렘을 통해 완성될 것입니다.

묵상 노트

6일차

이사야 61-66장

오디오 바이블

예언에서 성취로, 영원한 완성을 향해

이사야의 예언 속에서 메시아의 모습이 점점 뚜렷해집니다. "주 여호와의 영이 내게 내리셨으니 이는 여호와께서 내게 기름을 부으사 가난한 자에게 아름다운 소식을 전하게 하려 하심이라…"(61:1). 약 700년 뒤, 이 땅에 오신 우리 주 예수님이 갈릴리 나사렛 회당에서 이 말씀이 너희 귀에 응하였다고 선포하십니다(누가복음 4:16-21). 시간을 뛰어넘은 하나님의 약속이 그 순간 현실이 되었습니다. 한편 이사야는 죄의 회개와 더불어 하나님의 자비를 반복해서 선포합니다. 그는 하나님의 언약을 의지해 여호와 하나님을 아버지라고 부르며, 강림하셔서 우리를 긍휼히 여겨 달라고 간절히 기도합니다. 이사야의 위로와 희망의 메시지는 새 하늘과 새 땅을 통한 하나님의 영원한 평화로 마무리됩니다(65:17; 66:22).

묵상 노트

소그룹

나눔

이번 한 주간 성경을 통독하면서, 기억에 남는 말씀을 나누어 봅시다.

적용

1. 예수님은 고난받는 종으로 오셔서 십자가의 대속을 감당하셨습니다(이사야 53장). 예수님이 겪은 고난을 당연시하거나 가벼이 여긴 적은 없나요? 내 마음에서 무뎌진 부분은 없는지 돌아봅시다.

2. "내 백성을 위로하라"(이사야 40:1)라는 하나님 말씀은 심판 중에도 여전히 자기 백성을 기억하고 돌보시는 하나님의 마음을 잘 보여 줍니다. 죄로 인해 하나님의 임재에서 멀어졌다고 느낄 때도 하나님의 돌보심은 끊어지지 않습니다. 이 같은 사실은 나에게 어떤 두려움이나 불안을 내려놓게 하나요?

3. 하나님의 구원은 한 민족을 넘어 모든 민족과 만물을 새롭게 하는 우주적 회복입니다. 우리는 하나님의 주권을 때로는 너무 개인 차원에서만 바라보지는 않나요? 가정과 일터, 사회의 여러 영역 중에서 하나님의 회복이 임하기를 바라는 곳이 있다면 함께 나눠 봅시다.

기도

서로의 기도 제목을 나누며 함께 기도합니다.

JEREMIAH 1

예레미야 1

QR 코드를 찍으면 '예레미야' 리딩지저스 영상으로 바로 연결됩니다

예레미야 1

● 예레미야 시대

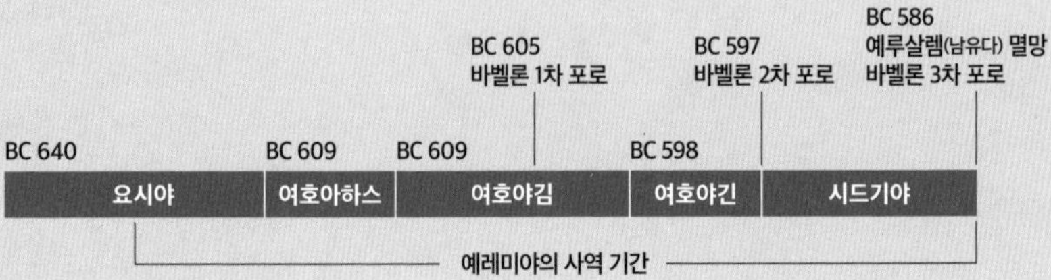

예레미야는 남유다의 마지막 다섯 왕 시대에 부름을 받아 사역한 선지자입니다. 요시야 왕은 어린 나이에 왕위에 올라 하나님의 율법책을 발견하고 종교 개혁을 시도했지만, 그의 죽음 이후 개혁은 빠르게 무너집니다. 이후 남유다는 바벨론의 위협 속에서 여러 번 반란을 시도하지만, 결국 기원전 586년에 예루살렘 성이 함락되고 성전이 파괴되면서 완전히 멸망합니다. 예레미야는 이 모든 비극을 직접 지켜보며 하나님의 말씀을 선포해야 했습니다.

예레미야는 '눈물의 선지자'로 불릴 만큼 하나님 백성의 죄악과 멸망을 안타까워하며 슬퍼했고, 그 고통 속에서 하나님의 말씀을 전합니다. 하지만 유다가 겪을 비극을 담은 그의 메시지는 왕과 백성들에게 비웃음을 사거나 무시당하기 일쑤였습니다.

예레미야서는 크게 두 부분으로 나뉩니다. 1-25장은 유다의 죄와 임박한 심판을 경고하는 내용이고, 26-52장은 심판 이후에 찾아올 회복과 소망의 메시지를 담고 있습니다.

이번 주 우리는 예레미야 1-30장을 함께 읽습니다. 하나님을 떠난 백성에게 선포되는 경고를 살펴보고, 그 가운데 여전히 돌아오라고 말씀하시는 하나님의 애끓는 부르심에 귀 기울이는 시간이 되기를 바랍니다.

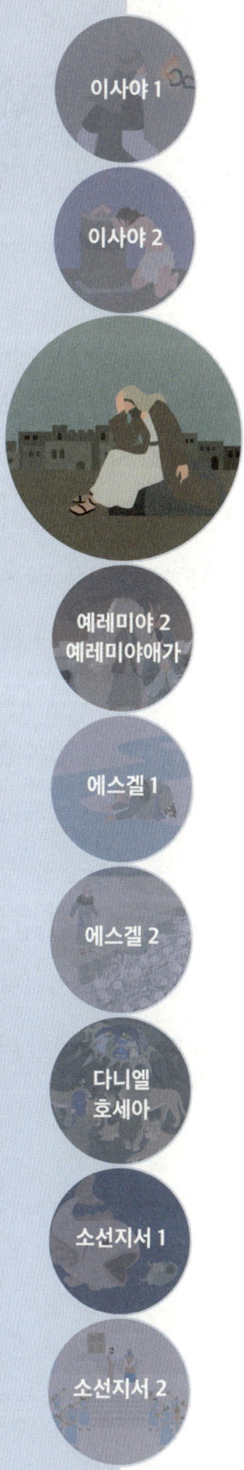

이번 주 성경읽기

1일차 예레미야 1-5장

2일차 예레미야 6-10장

3일차 예레미야 11-15장

4일차 예레미야 16-20장

5일차 예레미야 21-25장

6일차 예레미야 26-30장

1일차

예레미야 1-5장

오디오 바이블

심판 앞에 선 남유다와 회복의 약속

선지서 대부분이 그렇듯이 예레미야도 자신의 출신 배경(1:1)과 사명을 받은 이야기로 문을 엽니다(1:4-10). 예레미야의 사명은 유다와 예루살렘을 향해 하나님의 징계를 선포하는 것입니다. 그들이 하나님을 떠나 우상들을 따랐기 때문입니다(1:16). 하나님은 '끓는 가마의 환상'으로 시작해서 유다 민족 전체의 죄악을 하나하나 지적하십니다. 특히 앗수르에 이미 멸망당한 북이스라엘을 보면서도 교훈을 얻지 못하는 남유다를 책망하며, 하나님의 심판이 임박했음을 선포합니다(3:6-10). 유다의 멸망을 선포해야만 하는 예레미야는 괴로움과 슬픔으로 탄식합니다(4:19-22). 남유다는 끝을 향해 가고 있고, 하나님의 언약은 위기에 처한 듯 보입니다. 그러나 회복에 대한 하나님의 약속은 새 언약을 기대하게 합니다. 하나님의 그때가 오면 주의 백성은 예전 악한 마음에서 떠나 하나님이 허락하신 기업을 누릴 것입니다(3:14-18).

묵상 노트

2일차

예레미야 6-10장

오디오 바이블

확정된 심판, 막을 수 없는 슬픔

선지자는 하나님의 말씀을 대신 전하는 입이 됩니다. 그래서 "만군의 여호와께서 이와 같이 말하노라"가 계속 등장합니다. 하나님은 예레미야를 통해 폭로하십니다. 유다의 거짓과 우상숭배, 지도자들의 탐욕을 낱낱이 드러내십니다. 북방의 한 민족이 그들을 멸망시킬 것이며, 심지어 이미 묻힌 뼈까지 파헤칠 것입니다(8:1). 한편 하나님은 예레미야에게 이 백성을 위해 기도하지 말라고 하십니다(7:16). 이는 유다의 멸망이 하나님의 뜻 안에서 확정되었기 때문입니다. 선지자는 여호와 하나님이 시온을 떠나셨다는 현실에 번뇌하고 슬퍼합니다(8:18-22). 돌이킬 수 없는 심판 앞에서 예레미야는 탄식하며 기도합니다.

묵상 노트

3일차

예레미야 11-15장

오디오 바이블

아무도 원하지 않는 소식

하나님은 예레미야를 통해 이스라엘 조상들이 출애굽 당시 받았던 언약을 상기시킵니다(11:4). 그리고 그 언약에 따라 불순종한 백성들을 심판하겠다고 선포하십니다. 그러나 아나돗 사람들은 자신들에게 임박한 심판을 증명이라도 하듯 예레미야에게 여호와의 이름으로 예언하지 말라고 합니다(11:21). 선지자는 말씀뿐 아니라 상징적인 행동으로도 하나님의 뜻을 전합니다. 예레미야는 하나님의 명령에 따라 베 띠를 허리에 메고 가서 유브라데 물가에 감춥니다. 여러 날 후에 다시 꺼낸 허리띠는 완전히 썩어 있었습니다. 하나님이 유다와 예루살렘의 교만을 이처럼 썩게 하시겠다는 충격적인 표적이었습니다(13:9). 이후 예루살렘을 향한 구체적이고 무서운 심판들이 계속 선포됩니다. 그러나 이런 심판을 선포하는 예레미야는 미움을 받고 고통과 상처가 깊어만 갑니다. 하나님은 낙심한 선지자를 격려하십니다(15:20).

묵상 노트

4일차

예레미야 16-20장

오디오 바이블

토기장이 손에 있는 유다, 심판과 구원의 갈림길

예루살렘의 비참한 멸망이 너무나 확실해서 하나님은 그 땅에서 결혼하거나 자녀를 두지 말라고 하십니다(16:3). 그들은 이방 땅의 포로로 잡혀갈 것입니다. 이 저주의 원인은 유다 백성들의 우상숭배였습니다(16:12). 그러나 하나님은 자비와 은혜로 그들을 북방 땅(바벨론)에서도 다시 구원하겠다고 약속하십니다(16:15). 우상숭배와 부패를 고발하고 지적하는 일이 계속 이어지고, 예레미야는 하나님께 자신을 구원해 달라고 호소합니다(17:14). 사람들이 그가 선포한 하나님 말씀뿐 아니라 예레미야를 강하게 배척했기 때문입니다. 그러나 하나님은 예레미야에게 계속 말씀으로 임하십니다. 토기장이의 비유로 하나님의 주권을 분명히 보여 주십니다(18:6). 그러자 제사장 바스훌은 예레미야를 죄수 다루듯 나무 고랑으로 결박합니다. 그러나 예레미야는 하나님의 말씀을 받아 바스훌의 비참한 최후를 선포합니다(20:4).

묵상 노트

5일차

예레미야 21-25장

오디오 바이블

무너지는 왕권과 의로운 한 가지

여호야긴을 이어 유다 왕이 된 시드기야는 예레미야 선지자의 말씀을 따라 바벨론에게 항복해야 했습니다. 그러나 시드기야는 하나님의 뜻을 대적합니다. 오히려 예레미야에게 하나님께 간구해서 바벨론을 물리쳐 달라고 요청합니다. 이렇게 완고한 유다 왕과 그 자손을 향해 하나님은 차례로 심판을 선포하십니다(22:1-19). 하지만 하나님은 장차 여호와의 그날에 다윗에게서 "한 의로운 가지"를 일으켜 주의 흩어진 양 떼를 구원하겠다고 약속하십니다(23:1-7). 이어서 하나님은 예레미야와 달리 평화를 외치는 거짓 선지자들을 책망하십니다(23:9-40). 24장에서 하나님은 바벨론으로 옮겨진 유다 백성들은 좋은 무화과처럼 돌보시고, 바벨론에 항복하기를 거절한 시드기야와 예루살렘에 남은 자들은 나쁜 무화과처럼 버려질 것이라고 경고하십니다.

묵상 노트

6일차

예레미야 26-30장

오디오 바이블

심판을 거스르는 자들과 회복의 편지

하나님은 예레미야를 통해 유다에 심판이 임한다고 계속 선포하십니다. 하지만 유다의 고관들은 오히려 예레미야를 죽이려고 성전 뜰에 모입니다. 그들은 하나님의 참 선지자들을 배척하여 죽였고, 예레미야도 그렇게 해치려고 합니다. 그뿐 아니라 거짓 선지자 하나냐가 나섭니다. 하나님이 바벨론 왕의 멍에를 꺾으실 것이라고 예언하며 예레미야를 대적합니다. 그러나 하나님은 다시 예레미야를 통해 선포하십니다. 쇠 멍에로 모든 나라가 바벨론을 섬기게 하겠다고 말씀하십니다. 예레미야는 포로가 된 유다 사람들에게 회개를 촉구하는 편지를 보냅니다. 동시에 하나님이 정한 70년이 차면 돌아오게 된다는 회복과 소망의 메시지를 전달합니다. "너희를 향한 나의 생각을 내가 아나니 평안이요 재앙이 아니니라 너희에게 미래와 희망을 주는 것이니라"(29:11).

묵상 노트

소그룹

나눔

이번 한 주간 성경을 통독하면서, 기억에 남는 말씀을 나누어 봅시다.

적용

1. 하나님은 생수의 근원인 자신을 버리고, 터진 웅덩이를 파는 이스라엘을 책망하십니다(예레미야 2:13). 하나님보다 내 방식과 통제를 우선시했던 영역이 있다면 무엇이고, 그랬던 이유는 무엇인가요?

2. 하나님은 예레미야를 통해 이스라엘에게 계속 "돌아오라"고 하십니다. 배역한 이스라엘이 돌아갈 수 있는 근거는 하나님의 사랑과 그분의 언약입니다. 예수님을 통해 새 언약 안에 있는 나에게 이 같은 외침과 초청은 어떤 의미로 다가오나요?

3. 예레미야는 백성의 죄를 끌어안고 마음 아파하며 눈물로 기도합니다. 나는 어떤가요? 그동안 다른 사람의 죄와 고통에 무감각하지는 않았나요? 하나님께 돌아오기를 바라며 내가 기도해야 할 사람이 있다면, 누구인가요?

기도

서로의 기도 제목을 나누며 함께 기도합니다.

JEREMIAH 2
LAMENTATIONS

예레미야 2
예레미야애가

QR 코드를 찍으면 '예레미야' 리딩지저스 영상으로 바로 연결됩니다

예레미야 2
예레미야애가

예레미야서 후반부는 유다가 멸망하는 비극 속에서도 하나님의 공의와 인내, 그리고 새 언약을 통한 회복의 약속을 선포합니다. 하나님이 친히 그분 백성의 마음에 율법을 새기고, 끊어지지 않을 새 언약을 세우겠다고 약속하십니다.

예레미야서 후반부는 시간 순서가 아니라 주제에 따라 구성되어 있습니다. 37-44장은 예루살렘이 멸망할 당시 상황을 기록하고, 45장에는 바룩에게 전한 짧은 메시지가 나옵니다. 46-51장에서는 여러 이방 민족을 향한 하나님의 심판을 예언합니다. 마지막 52장은 예루살렘이 멸망하고, 바벨론에 잡혀간 여호야긴이 선대받는 장면으로 끝을 맺습니다. 이 결말은 예레미야의 예언이 모두 참이었음을 증명합니다.

예레미야애가는 무너진 성과 성전을 바라보며 드리는 애통의 기도입니다. 하지만 그 중심에는 "여호와의 인자와 긍휼이 무궁하시다"라는 믿음의 고백이 자리하고 있습니다(3:22-23). 선지자의 눈물은 단순한 슬픔이 아니라, 메시아를 통한 회복의 소망으로 이어집니다.

이번 주 우리는 예레미야 31-52장과 예레미야애가를 함께 읽습니다. 심판을 넘어 찾아오는 회복과 새 언약을 묵상하며, 예수님 안에 있는 우리는 이미 그 약속의 복을 누리고 있다는 사실도 함께 기억하면 좋겠습니다.

이번 주 성경읽기

1일차 예레미야 31-35장

2일차 예레미야 36-40장

3일차 예레미야 41-45장

4일차 예레미야 46-50장

5일차 예레미야 51-52장

6일차 예레미야애가 1-5장

1일차

예레미야 31-35장

오디오 바이블

심판 너머 이어지는 새 언약

하나님은 유다를 회복시켜 새롭고 영원한 언약을 세우겠다고 계속해서 말씀하십니다. 새 언약은 하나님의 율법을 마음에 새기는 언약입니다(31:33). 예수 그리스도께서 오셔서 구속을 이루시고 성령으로 말미암아 신자들이 거듭났을 때 그 마음에 새겨지는 언약을 예표합니다. 한편, 유다 민족이 회복되는 것은 확실했기 때문에 하나님은 예레미야에게 아나돗의 밭을 사라고 하십니다. 언젠가 이스라엘이 돌아와 포도밭을 거래할 수 있게 된다는 의미였습니다. 하나님은 레갑 자손이 선조가 하나님께 했던 맹세를 대대로 철저히 지켰으므로 그들을 보호하겠다고 선언하십니다. 이는 언약을 어기고 심판을 피하지 못한 이스라엘과 대조되며, 언약을 신실하게 지키고 성취하실 메시아를 기대하게 합니다(35장). 하나님은 장차 다윗의 집에서 공의로운 가지 하나를 내실 것입니다. 그 메시아를 통해 새 언약을 성취하실 것입니다(33:15).

묵상 노트

2일차

예레미야 36-40장

오디오 바이블

결국 무너진 예루살렘 성

하나님이 선지자를 통해 말씀하신 목적은 이스라엘이 회개하는 것이었습니다(36:3). 그러나 하나님의 대리자로 세워진 왕부터 하나님 말씀을 정면으로 거절했습니다. 이는 예루살렘의 멸망이 임박했음을 보여 줍니다. 바벨론이 예루살렘에 쳐들어와 여호야김을 붙잡아 가고 시드기야를 왕으로 세웁니다. 고관들은 하나님 말씀을 선포한 예레미야를 매국노로 몰아 구덩이에 가둡니다(38:1-6). 시드기야 왕이 은밀히 예레미야를 찾아가 바벨론에게 항복하는 것만이 사는 길이라는 말씀을 듣지만 거부합니다. 결국 시드기야 왕 11년에 예루살렘은 바벨론에 의해 완전히 함락됩니다. 끝까지 하나님 말씀에 불순종한 시드기야 왕은 바벨론 군대가 자기 아들들을 죽이는 모습을 직접 보게 되고, 두 눈이 뽑히는 치욕까지 당합니다(39:1-10). 예레미야는 포로로 끌려가던 중에 라마에서 풀려나 예루살렘에 남습니다.

묵상 노트

3일차

예레미야 41-45장

오디오 바이블

유다의 남은 자들, 불순종의 길로

유다 왕족의 친척인 느다냐의 아들 이스마엘이 총독 그다랴를 암살합니다. 이스마엘은 그다랴 쪽 사람들을 죽이거나 포로로 잡아 암몬으로 끌고 가려고 합니다. 하지만 군 지휘관 요하난이 이스마엘과 싸우러 가다가 그를 만나 이를 저지합니다. 요하난과 유다의 남은 백성들은 애굽을 향해 가다가 예레미야를 찾아가 하나님께 기도해 달라고 요청합니다. 하나님은 예레미야를 통해 애굽에도 들어가지 말고 바벨론 왕도 겁내지 말라고 말씀하십니다. 하지만 요하난과 지도자들은 예레미야에 대적하며 하나님 말씀에 불순종합니다. 도리어 예레미야와 바룩을 끌고 애굽으로 내려갑니다. 예레미야는 애굽에 끌려가서도 하나님 말씀을 전합니다. 하지만 오히려 유다 백성들은 항변합니다. 하늘의 여왕에게 분향하던 것을 폐지해서 이런 재앙이 닥쳤다고 공격합니다. 이에 하나님은 다시 한번 애굽의 유다인들에게 재앙을 선포하십니다.

묵상 노트

4일차

예레미야 46-50장

오디오 바이블

열방을 향한 심판과 이스라엘의 회복

그동안 유다에 집중됐던 하나님의 심판이 이웃 국가들로 확장됩니다. 하나님은 애굽과 블레셋(47장)과 모압(48장), 암몬, 에돔, 다메섹(아람 왕국), 게달과 하솔, 엘람(49장)에 심판을 선언하십니다. 바벨론 역시 심판을 받아 멸망할 것이라고 선언하십니다(50장). 바벨론은 일시적으로 하나님의 심판 도구로 사용됩니다. 그로 인해 유다를 비롯한 주변 나라들이 멸망합니다. 하지만 바벨론 역시 하나님의 때에 다른 한 나라(바사)에 의해 망할 것이라고 말씀하십니다. 교만한 바벨론의 심판은 포로로 잡혀간 이스라엘의 궁극적 회복으로 이어집니다. "그날 그때에는 이스라엘의 죄악을 찾을지라도 없겠고 유다의 죄를 찾을지라도 찾아내지 못하리니"(50:20). 이는 장차 요한계시록에서 선포되는 큰 음녀 바벨론의 심판과 성도들의 영화로운 모습을 통해 온전히 성취될 것입니다(요한계시록 18:2, 20).

묵상 노트

5일차

예레미야 51-52장

오디오 바이블

바벨론의 멸망과 회복의 실마리

바벨론 심판은 51장에서 계속 이어집니다. 이스라엘과 유다가 하나님과의 언약을 깨고 하나님을 배반했지만 완전히 버림받은 것은 아닙니다(51:5). 바벨론이 심판받는다는 말씀이 바벨론에 끌려간 유다 사람들에게도 전해집니다(51:61). 예레미야서가 바벨론 멸망을 예언하며 끝나는 것은 매우 의미심장합니다. "예레미야의 말이 이에 끝나니라"(51:64). 하나님의 도구로 쓰인 바벨론이지만 하나님은 그 바벨론을 심판하고 새 언약을 세워서 이스라엘을 회복하실 것입니다. 52장은 열왕기하 24장 18절-25장 내용과 거의 동일합니다. 예루살렘 성이 함락당하고 성전이 붕괴되고 백성이 포로로 잡혀가는 모습은 예레미야가 하나님 말씀을 전한 참 선지자였음을 증명합니다. 유다 왕 여호야긴은 37년 만에 풀려나 바벨론 왕 에윌므로닥에게 정중한 대접을 받습니다. 이로써 예레미야서는 유다가 회복되는 실마리를 어렴풋이 보여 주며 끝이 납니다.

묵상 노트

6일차

예레미야애가 1-5장

오디오 바이블

무너진 예루살렘에서 애통하며 회개하는 기도

예레미야애가는 책 이름답게 나라의 멸망을 애통해하며, 하나님의 진노를 슬퍼하는 내용으로 가득합니다. 장르로 보면 선지서보다는 시편의 탄식시에 가깝습니다(참조. 시편 74, 79, 137편). 하지만 시편이 그렇듯 애가 역시 단순히 슬픔만 노래하지는 않습니다. 예레미야는 하나님께 민족의 죄악을 내어놓고 회개하며 긍휼을 베풀어 달라고 간구합니다. 여호와 하나님의 신실하신 성품에 의지해서 언약 백성을 회복해 달라고 기도합니다. 고난받는 종 예레미야가 민족을 위해 중보하는 모습은 하나님의 참 종 예수 그리스도의 온전한 순종과 그분이 성도를 위해 드린 기도를 바라보게 합니다. "그가 아들이시면서도 받으신 고난으로 순종함을 배워서 온전하게 되셨은즉 자기에게 순종하는 모든 자에게 영원한 구원의 근원이 되시고"(히브리서 5:8-9).

묵상 노트

소그룹

나눔

이번 한 주간 성경을 통독하면서, 기억에 남는 말씀을 나누어 봅시다.

적용

1. 하나님은 예레미야를 통해 임박한 심판을 경고하셨지만, 유다의 왕과 백성들은 거짓 평안을 말하는 이들에게 귀를 기울였습니다. 나 역시 현실을 직면하기보다 듣기 좋은 말이나 내가 원하는 메시지만 선택해서 따르려 한 적은 없었나요?

2. "내 율법을 그들의 마음에 두고, 나는 그들의 하나님이 되며 그들은 내 백성이 될 것이다"(예레미야 31:33)라는 새 언약은 예수님 안에서 성취되었습니다. 이 언약 안에서 오늘 나와 하나님의 관계를 어떻게 바라볼 수 있을까요?

3. "여호와의 인자와 긍휼이 무궁하시므로 우리가 진멸되지 아니함이니이다"(예레미야애가 3:22)라는 말씀은 어떤 상황에서도 하나님의 성품이 우리 소망의 근거임을 보여 줍니다. 이 진리를 지금 내 상황에 어떻게 적용할 수 있을까요?

기도

서로의 기도 제목을 나누며 함께 기도합니다.

EZEKIEL 1

에스겔 1

QR 코드를 찍으면 '에스겔' 리딩지저스 영상으로 바로 연결됩니다

에스겔 1

● **에스겔 시대**

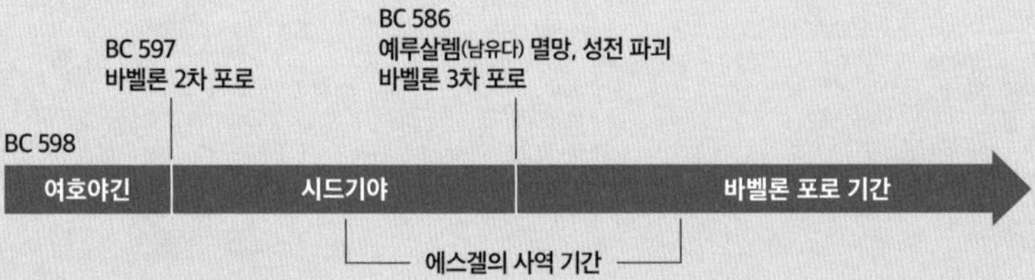

에스겔은 제사장 출신의 선지자입니다. 여호야긴 왕과 함께 바벨론에 포로로 끌려간 그는, 5년 후 바벨론의 그발 강가에서 하나님의 부르심을 받습니다.

에스겔서는 크게 세 부분으로 나뉩니다. 1-24장은 유다와 예루살렘에 대한 심판, 25-32장은 이방 민족들에 대한 심판, 33-48장은 이스라엘의 회복과 새 성전에 대한 내용입니다.

에스겔은 멸망을 앞둔 유다와 예루살렘에게 심판의 메시지를 전합니다. 그의 예언은 생생한 환상과 상징적인 행동으로 가득합니다. 그중에서도 가장 충격적인 장면은 하나님의 영광이 성전을 떠나는 환상입니다. 백성의 우상숭배와 죄악 때문에 하나님이 더 이상 그들과 함께하실 수 없다는 것, 이는 이스라엘에게 가장 절망적인 심판이었습니다.

이번 주 우리는 에스겔 1-24장을 함께 읽습니다. 참된 회개 없는 신앙이 얼마나 위험한지 돌아보면서, 참된 회개와 하나님의 영광을 사모하는 마음이 다시 일어나기를 소망합니다.

이번 주 성경읽기

1일차 에스겔 1-4장

2일차 에스겔 5-8장

3일차 에스겔 9-12장

4일차 에스겔 13-16장

5일차 에스겔 17-20장

6일차 에스겔 21-24장

1일차

에스겔 1-4장

오디오 바이블

이방 땅에 임한 하나님의 영광

에스겔서는 놀라운 환상으로 시작합니다. 에스겔이 바벨론의 그발 강가에서 하나님의 영광을 보는 장면입니다. 예루살렘의 거짓 선지자들은 여호와의 성전이 우리에게 있으니 우리는 안전하다고 외쳤습니다. 그런데 하나님은 예루살렘이 아니라 바벨론에 포로로 잡힌 에스겔에게 나타나셨습니다. 에스겔이 본 환상에서는 네 생물과 바퀴가 함께 움직입니다. 이는 하나님의 영광이 특정 지역에만 제한되지 않는다는 뜻입니다. 2장에서는 다른 선지서처럼 하나님이 선지자를 부르시는 장면이 나옵니다. 3장에서는 에스겔을 이스라엘 민족의 파수꾼으로 세운다고 선포하십니다. 이후 에스겔의 사역은 독특합니다. 때로는 말을 못하기도 하고(3:22-27), 흙으로 예루살렘 성을 에워싼 공성퇴를 만들기도 합니다. 보리떡을 쇠똥으로 구워 먹는 상징적 행동도 합니다(4장). 에스겔은 이스라엘을 향한 하나님의 심판 메시지를 행동으로 전달했습니다.

묵상 노트

2일차

에스겔 5-8장

오디오 바이블

우상 숭배로 더렵혀진 성전

5장에서도 하나님은 에스겔의 상징적 행동을 통해 이스라엘이 받을 심판을 보여 주십니다. 이스라엘이 산당에서 우상을 섬기며 언약의 하나님을 떠났기 때문입니다. 그들은 곧 그 행동의 대가를 치르게 될 것입니다. 그들이 섬겼던 신들은 산당과 함께 황폐해질 것입니다. 그들은 자신이 섬기던 우상들 앞에서 주검이 될 것입니다(6:13). 8장에 이르러 에스겔은 환상 가운데 예루살렘 성전을 보게 됩니다. 놀랍게도 유다의 장로들이 여호와의 성전에서 우상에게 예배하고 있었습니다. 거룩하신 하나님은 더는 우상숭배로 더러워진 예루살렘 성전에 머무실 수 없었습니다. "인자야 이스라엘 족속이 행하는 일을 보느냐 그들이 여기에서 크게 가증한 일을 행하여 나로 내 성소를 멀리 떠나게 하느니라"(8:6). 하나님이 직접 성전을 떠나신다고 말씀하셨습니다.

묵상 노트

3일차

에스겔 9-12장

오디오 바이블

성소를 떠난 하나님의 영광이 이방으로

에스겔은 계속해서 환상을 통해 이스라엘에 임박한 심판을 목격합니다. 예루살렘에서 우상숭배 때문에 탄식하는 참된 신자들만 제외하고, 모든 사람이 심판을 받을 것입니다(9:4). 그 심판은 놀랍게도 하나님의 영광의 보좌였던 성소에서 시작될 것입니다(9:6). 10장에서 에스겔은 충격적인 장면을 봅니다. 여호와의 영광이 예루살렘 성전을 떠나는 환상입니다(10:18). 이것은 남유다를 향한 하나님의 심판이 확실하다는 뜻이었습니다. 그러나 예루살렘의 멸망과 바벨론 포로 생활을 통해 하나님은 새 일을 행하실 것입니다. 이제는 예루살렘이 아니라 그 이방 나라에 친히 임하실 것입니다. 그곳에 포로로 끌려간 이스라엘 백성들과 새 언약을 맺고 새 영과 새 마음을 주실 것입니다(11:19-20).

묵상 노트

4일차

에스겔 13-16장

오디오 바이블

음녀가 된 성읍, 파기되지 않는 언약

하나님의 심판 선언은 남유다에 남아 활동하던 거짓 선지자들에게로 향합니다. 그들은 여호와의 이름으로 거짓 평강을 외쳤습니다. 하지만 하나님은 그들이 자기 마음대로 예언한다고 말씀하십니다. 하나님은 거짓 선지자들을 심판하고 여호와의 참된 백성을 구원하겠다고 약속하십니다(13:23). 또한 하나님은 이스라엘에서 우상을 섬기는 이들에게 회개를 촉구하십니다. 불법을 행하는 나라에 노아, 다니엘, 욥 같은 의인이 있더라도 자기 생명만 건질 것이라고 경고하십니다. 16장에서는 우상을 섬기는 예루살렘을 향해 더욱 강한 표현을 쓰십니다. 불에 던질 땔감, 가증한 음녀라고 칭하시며, 소돔과 사마리아보다도 더한 죄를 범했다고 책망하십니다. 그러나 하나님은 심판 이후에 새 언약으로 빛나는 회복의 메시지도 주십니다(16:62-63).

묵상 노트

5일차

에스겔 17-20장

오디오 바이블

조상의 죄를 답습한 세대,
회개의 길은 열려 있다

17장에는 독수리와 포도나무의 비유가 등장합니다. 하나님은 이 비유를 통해 남유다를 비판하십니다. 남유다가 하나님의 심판 도구인 바벨론을 반역하고 애굽에 도움을 요청했기 때문입니다. 하나님은 남유다를 반드시 심판할 것이라고 말씀하십니다. 한편 하나님은 각 개인이 자기 행위에 따라 심판받는다고 강조하면서 회개하고 마음을 새롭게 하라고 촉구하십니다. 하나님은 출애굽 당시 광야에서 이스라엘이 금송아지를 만들어 섬긴 사건을 상기시킵니다. 이스라엘의 조상들이 어떻게 심판받았는지 말씀하시면서 그들의 죄를 지적합니다. 그리고 남유다 역시 조상들의 풍속을 따라 똑같이 행음하고 있다고 책망하십니다(20:30). 그러나 여전히 소망과 회복의 예언도 들을 수 있습니다. “이스라엘 온 족속이 그 땅에 있어서 내 거룩한 산 곧 이스라엘의 높은 산에서 다 나를 섬기리니 거기에서 내가 그들을 기쁘게 받을지라”(20:40).

묵상 노트

6일차

에스겔 21-24장

오디오 바이블

슬퍼할 틈도 없이 임하는 심판

하나님은 에스겔에게 특별한 명령을 내리십니다. 백성 앞에서 허리가 끊어질 듯 탄식하고, 그 이유를 묻는 이들에게 다가올 재앙 때문이라고 답하라고 하십니다. 그 재앙은 바벨론 왕의 칼로 상징되며, 하나님의 심판 도구로 사용될 것입니다. 하나님이 이토록 분노하신 이유가 있습니다. 이스라엘의 지도자들, 선지자들, 제사장들, 고관들이 공의를 버리고, 하나님을 떠나 약자들을 학대하며 죄악에 빠졌기 때문입니다(22:23-31). 24장에서는 가슴 아픈 일이 일어납니다. 머지않아 에스겔의 아내가 죽게 되는데, 하나님은 그에게 아내를 위해 슬퍼하거나 울지 말라고 합니다. 이는 상징적 사건입니다. 이스라엘 백성도 예루살렘의 멸망과 가족의 죽음을 슬퍼할 겨를도 없이 심판을 당할 것입니다(24:21-24). 이 모든 예언은 하나님이 거룩하심과 공의를 이루시고, 회개하지 않는 백성을 반드시 심판하신다는 경고의 말씀입니다.

묵상 노트

소그룹

나눔

이번 한 주간 성경을 통독하면서, 기억에 남는 말씀을 나누어 봅시다.

적용

1. 에스겔은 우상으로 가득한 성전에서 하나님의 영광이 떠나는 환상을 봅니다. 하나님은 건물이나 전통이 아니라, 그분을 따르는 백성 가운데 임재하십니다. 이 사실이 오늘날 나와 우리 공동체에 어떤 경고로 다가오나요?

2. 하나님은 바벨론에 있는 에스겔에게 환상을 보여 주시며, 장소 제한 없이 어디에나 계심을 나타내셨습니다. 이를 통해 하나님은 우리 환경이나 처한 상황에 구애받지 않고 어디에나 계시며, 절망 속에서도 회복을 주시는 전능자이심을 알 수 있습니다. 이 진리가 내게 어떤 생각의 전환이나 소망을 줍니까?

3. 예수님을 통해 주어진 새 언약과 우리와 함께하시는 성령의 임재는 우리의 놀라운 특권입니다. 이 같은 새 언약의 은혜를 지금 어떻게 누리며 살아가고 있나요?

기도

서로의 기도 제목을 나누며 함께 기도합니다.

EZEKIEL 2

에스겔 2

QR 코드를 찍으면 '에스겔' 리딩지저스 영상으로 바로 연결됩니다

에스겔 2

에스겔서 후반부는 이방 나라들에 대한 심판 선포로 시작됩니다. 이는 하나님이 이스라엘뿐 아니라 온 세상을 다스리시는 주권자임을 보여 줍니다.

33장부터는 회복의 메시지가 이어집니다. 하나님은 백성에게 새 마음을 주고, 그들 마음에 그분의 영을 두겠다고 약속하십니다. 마른 뼈들이 살아나는 환상을 통해서는 죽었던 백성이 하나님의 말씀과 영으로 다시 살아나는 소망을 보여 주십니다.

마지막 부분에는 새 성전에 대한 환상이 펼쳐집니다. 무너졌던 성전이 하나님의 기준대로 재건되고, 떠나갔던 하나님의 영광이 다시 성전으로 돌아옵니다. 성전에서 흘러나오는 물이 모든 것을 소생시키는 모습은 생명과 회복이 하나님에게서 비롯됨을 보여 줍니다.

예수님 안에서 이 회복의 약속은 이미 시작되었습니다. 예수님은 참 성전이 되시고, 성령을 통해 하나님이 우리 안에 거하십니다. 또한 에스겔의 환상은 요한계시록이 증언하듯 새 하늘과 새 땅에서 완전히 이루어질 것입니다.

이번 주는 에스겔 25-48장을 함께 읽습니다. 하나님의 주권과 거룩함, 공의와 자비를 깊이 묵상하고, 예수님 안에서 주시는 하나님의 영광의 임재를 경험하는 시간이 되기를 소망합니다.

이번 주 성경읽기

1일차 에스겔 25-28장

2일차 에스겔 29-32장

3일차 에스겔 33-36장

4일차 에스겔 37-40장

5일차 에스겔 41-44장

6일차 에스겔 45-48장

1일차

에스겔 25-28장

오디오 바이블

하나님의 공의와 심판, 이스라엘 너머로

하나님의 심판은 이스라엘에게만 그치지 않습니다. 25장을 보면 암몬, 모압, 세일, 에돔, 블레셋까지 확대됩니다. 이들은 유다가 망하는 것을 보고 박수치며 좋아했고, 또 조롱하고 학대했습니다. 이들에게도 하나님의 진노가 임했고, 하나님의 공의로운 심판을 피할 수 없다는 경고가 찾아옵니다. 26-28장에는 더 충격적인 이야기가 나옵니다. 두로와 시돈, 당시 무역으로 번성하던 도시들에게도 심판이 선포됩니다. 두로는 바다 위에 세워진 난공불락의 도시였습니다. 그래서 자신을 신이라 생각했고, 하나님 자리에 앉았다고 자부했습니다. 하지만 하나님은 두로의 교만과 탐욕을 다 보고 계셨습니다. 아무리 화려해 보여도, 아무리 견고해 보여도, 반드시 무너질 것이라고 말씀하십니다.

묵상 노트

2일차

에스겔 29-32장

오디오 바이블

애굽도 하나님의 심판을 피하지 못하리라

29-32장은 애굽을 향한 하나님의 심판을 언급합니다. 애굽은 오랫동안 강대국이었고 바벨론에도 맞설 수 있는 듯 보였습니다. 그래서 이스라엘은 애굽을 의지합니다. 하지만 하나님은 애굽을 "갈대 지팡이"에 비유하십니다. 겉으로는 든든해 보여도 의지하려고 기대는 순간 부러져서 의지한 사람을 넘어뜨리고 다치게 합니다(29:6-7). 하나님은 교만한 애굽을 책망하시며, 땅을 황폐하게 만들고, 강들을 말려 버리고, 우상들을 부수고, 바로와 그 군대를 앗수르처럼 멸망시키겠다고 선언하십니다(31-32장). 바로는 교만한 악어에 불과하며, 애굽은 이전에 멸망한 여러 나라들처럼 지하 세계로 내려갈 것이라고 말씀하십니다. 애굽과 바로의 멸망은 세상의 권세와 교만한 자들이 하나님의 심판 앞에서는 무력하다는 사실을 잘 보여 줍니다.

묵상 노트

3일차

에스겔 33-36장

오디오 바이블

선한 목자와 새 마음

하나님은 에스겔에게 특별한 임무를 주십니다. 이스라엘의 파수꾼이 되어 악인에게 심판을 선포하고 경고하라고 말씀하십니다. 당시 이스라엘 지도자들은 마치 양을 도살하여 제 배만 채우는 사악한 목자 같았습니다. 하나님은 그들을 심판하고 친히 선한 목자가 되어 흩어진 백성을 돌보겠다고 약속하십니다(34:15). 여기서 우리는 다윗의 후손으로 오실 메시아를 발견합니다(34:23). 하나님의 회복은 여기서 끝나지 않습니다. 36장을 보면 더 깊은 약속이 나옵니다. 이스라엘의 굳은 마음을 제거하고 새 마음과 새 영을 부어 주시겠다고 하십니다. 이런 영적 변화는 예수 그리스도로 말미암은 새 언약을 통해 성취될 것입니다. 예수님은 선한 목자가 되셔서 양을 위해 목숨까지 내어주셨고, 부활하신 후에 성령을 보내셔서 우리 안에 새 마음을 심어 주시기 때문입니다.

묵상 노트

4일차

에스겔 37-40장

오디오 바이블

죽은 뼈에 생명을, 흩어진 백성에 연합을

에스겔이 정말 충격적인 환상을 봅니다. 마른 뼈들이 가득한 골짜기입니다. 이스라엘의 당시 상태가 이랬습니다. 그런데 하나님이 말씀하시자 뼈들이 서로 연결되고 살이 붙고 가죽이 덮입니다. 그리고 생기가 들어가자 큰 군대가 됩니다. 바벨론에 포로로 끌려가 아무런 소망이 없어 보이는 상황에서 하나님이 친히 구원의 역사를 시작하겠다는 뜻이었습니다. 이어서 두 지팡이 비유가 나옵니다. 북이스라엘과 남유다로 분열된 나라가 하나로 연합하고, 하나님이 보낸 메시아가 친히 그들의 왕이 될 것이라고 선포하십니다(37:24). 40장에서는 새 성읍과 성전을 측량하는 환상이 등장합니다. 지금은 성전이 무너져서 황폐하지만, 더 영광스러운 새 성전이 세워질 것이라는 약속입니다. 이 환상은 하나님의 참 성전이신 예수 그리스도를 통해 궁극적으로 성취될 것입니다.

묵상 노트

5일차

에스겔 41-44장

오디오 바이블

하나님의 영광이 돌아오다

41장과 42장에서는 새 성전 내부를 자세히 들여다봅니다. 에스겔이 새 성읍 안에 있는 새 성전 내부와 제사장들 방, 성전 사면의 담을 측량합니다. 특히 성전을 둘러싼 담이 엄청나게 높았습니다. 부정한 것들이 절대 들어올 수 없도록 막기 위해서였습니다. 10장에서 하나님의 영광이 예루살렘 성전을 떠났던 장면이 기억나나요? 43장에서 감동적인 장면이 펼쳐집니다. 하나님의 영광이 동문을 통해 새 성전으로 돌아옵니다. 하나님은 새 성전의 제단 규격과 제사 규례를 정하시고, 이를 백성들에게 알려서 다시는 죄를 짓지 말게 하라고 말씀하십니다. 44장에는 더 구체적인 규정들이 나옵니다. 하나님의 영광이 들어온 동문을 닫아 두라고 하십니다. 그리고 레위인 중에서 죄를 지은 자들을 제사장 직분에서 제외하고, 성전에서 시중드는 일을 맡깁니다. 대신 사독의 후손들은 신실했기 때문에 제사장 직분을 이어 가며 성소에서 하나님을 섬기게 됩니다.

묵상 노트

6일차

에스겔 45-48장

오디오 바이블

생명의 강, 생명의 성읍

하나님은 새로 제비를 뽑아 구획을 나누고, 거룩한 성소를 구별하고, 통치자들에게는 정의와 공의를 행하라고 명하십니다. 47장에서는 성전 문지방 밑에서 물이 흘러나오기 시작합니다. 처음에는 발목까지밖에 안 되던 물이 점점 깊어집니다. 강물이 되어 땅을 새롭게 하며 생명을 소생시킵니다. 성전에서 생수가 흘러나오는 환상은 예수님의 말씀을 생각나게 합니다. "나를 믿는 자마다 배에서 생수의 강이 흘러나오리라"(요한복음 7:38). 이는 주께서 부활 승천 후 보내시는 성령을 통해 주의 백성이 새로워질 것을 예표합니다. 더 나아가 그리스도께서 다시 오시는 그날에 새 하늘과 새 땅에서 최종적으로 완성될 것입니다(요한계시록 22:1-2). 마지막 48장에서는 이스라엘 열두 지파에게 약속의 땅을 공평하게 나누어 줍니다. 그 땅 중심에 성소와 새 성읍이 놓이고, 새 성읍은 "여호와삼마"(여호와께서 거기 계시다)라고 불릴 것입니다.

묵상 노트

소그룹

나눔

이번 한 주간 성경을 통독하면서, 기억에 남는 말씀을 나누어 봅시다.

적용

1. 하나님은 에스겔에게 파수꾼의 사명을 주고 백성에게 하나님의 말씀을 전하라고 하십니다. 혹시 나는 복음을 가진 자로서 복음을 전할 기회가 생겼는데도 침묵하거나 외면한 적이 없었나요?

2. 하나님은 마른 뼈들을 생기로 살리고 군대로 일으키십니다. 이처럼 허물과 죄로 죽었던 자들이 그리스도 안에서 새 새명을 얻는다는 사실(에베소서 2:1)이 우리에게 어떤 의미가 있으며, 또 우리로 하여금 어떤 소망을 꿈꾸게 하나요?

3. 성전에서 흘러나온 물은 모든 것을 소생시켰고, 그 약속은 예수님 안에서 이루어지기 시작했으며, 예수님께서 다시 오실 때 완성될 것입니다. 지금 내 삶에서 회복을 기대하는 영역은 어디인가요? 하나님의 생명 강물이 흘러가기를 바라며 기도해야 할 곳은 어디인가요?

기도

서로의 기도 제목을 나누며 함께 기도합니다.

DANIEL/HOSEA

다니엘
호세아

QR 코드를 찍으면 '다니엘' 리딩지저스 영상으로 바로 연결됩니다

다니엘, 호세아

다니엘은 기원전 605년, 바벨론 왕 느부갓네살이 예루살렘을 처음 침공했을 때 포로로 끌려갔습니다. 왕족 출신이었던 그는 바벨론에서 엘리트 교육을 받았고, 하나님의 은혜로 바벨론과 페르시아 두 제국에서 약 70년간 고위 관직을 맡으며 하나님의 뜻을 드러냈습니다.

다니엘서는 두 부분으로 나뉩니다. 1-6장은 다니엘과 세 친구가 믿음을 지키며 살아간 이야기이고, 7-12장은 세상 나라들과 장차 오실 메시아에 대한 묵시적 환상을 담고 있습니다. 특히 7장에는 바다에서 올라온 네 짐승, 하늘 보좌에 앉으신 하나님, 구름을 타고 오시는 '인자'가 등장합니다. 인자는 세상의 모든 권세를 심판하고 영원히 다스리실 예수 그리스도를 가리킵니다.

호세아서는 하나님을 떠나 우상을 따르는 이스라엘의 모습을 고멜과의 결혼 이야기로 보여 줍니다. 하나님은 끊임없이 회개를 촉구하시지만, 이스라엘은 끝내 겉모습으로만 응답하다가 심판을 맞이합니다. 그럼에도 하나님은 회복의 길을 여십니다.

이번 주 우리는 다니엘서와 호세아서를 함께 읽습니다. 세상의 현실보다 크신 하나님의 주권과 사랑을 묵상하며, 회개와 소망의 길로 나아가는 시간이 되기를 바랍니다.

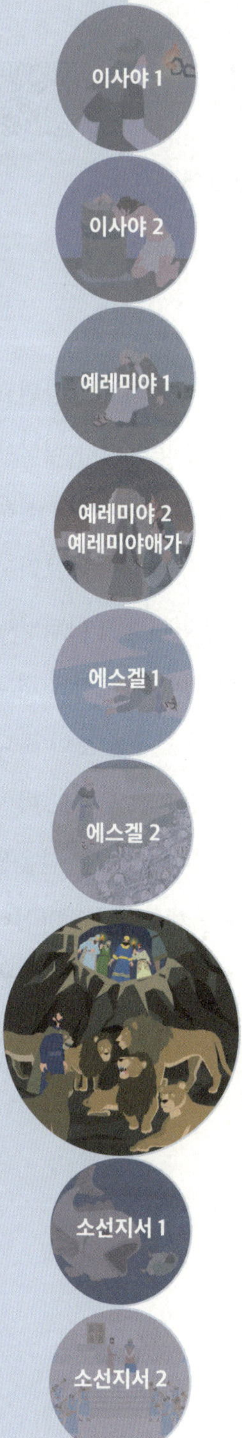

이번 주 성경읽기

1일차 다니엘 1-4장

2일차 다니엘 5-8장

3일차 다니엘 9-12장

4일차 호세아 1-5장

5일차 호세아 6-10장

6일차 호세아 11-14장

1일차

다니엘 1-4장

오디오 바이블

모든 권세 위에 계신 하나님

다니엘서는 남유다의 상류 지식층이 바벨론으로 잡혀가는 장면으로 시작합니다. 다니엘도 그중 하나였습니다. 고향을 떠나 적국에서 포로로 살아야 하는 절망적 상황입니다. 느부갓네살 왕은 신하들에게 말도 안 되는 요구를 합니다. 자신이 꾼 꿈을 해석해 보라고 하지만, 꿈 내용은 말해 주지 않습니다. 그런데 다니엘이 나타납니다. 하나님이 그 꿈과 해석을 보여 주셨기 때문입니다. 세상 권력의 정점에 있는 바벨론 왕조차 하나님의 주권 아래 있음을 보여 줍니다. 느부갓네살이 금 신상을 만들고 절하라고 강요했을 때도 마찬가지였습니다. 다니엘의 세 친구는 단호했습니다. 그들은 믿음을 지켰고 하나님은 천사를 보내어 그들을 풀무불 가운데서 구하십니다. 느부갓네살도 점점 변하기 시작해 하나님을 향한 경외심이 커져 갑니다. 이어지는 묵시 환상은 이런 역사적 배경과 맞물리며 하나님이 온 세상 주권자이며 영원한 왕이심을 보여 줍니다.

묵상 노트

2일차

다니엘 5-8장

오디오 바이블

무너지는 세상 왕국과 도래하는 하나님 나라

느부갓네살을 이은 벨사살은 선대 왕과 달리 교만하게 행동합니다. 예루살렘 성전의 거룩한 그릇을 가져다가 연회 중에 술을 마시고 우상을 경배합니다. 이때 손가락이 나타나 왕궁 벽에 글을 쓰기 시작합니다. 하나님은 바벨론의 영화가 끝났다는 사실을 딱 네 단어로 보여 주십니다. 그 밤에 바벨론은 함락되고 메대 사람 다리오가 왕이 됩니다. 새로운 왕 밑에서도 다니엘은 여전히 중요한 역할을 합니다. 그를 시기한 고관들이 왕 외에 누구에게라도 기도하면 사자굴에 던져야 한다는 조서를 내립니다. 하나님은 사자굴에 던져진 다니엘을 보호하십니다. 7장과 8장에서는 네 짐승이 등장하는 환상이 나옵니다. 하지만 마지막에 "인자 같은 이"가 구름을 타고 "옛적부터 항상 계신 이"에게 나아가 영원한 권세를 받고 그로 말미암아 영원한 나라가 세워집니다. 7장은 장차 메시아가 '사람'으로 오실 것을 분명하게 보여 줍니다.

묵상 노트

3일차

다니엘 9-12장

오디오 바이블

세상 종말의 환상, 성도의 소망

다니엘은 말씀을 읽다가 예루살렘의 황폐함이 70년 만에 그칠 것을 깨닫습니다. 그러고는 하나님 앞에 엎드려 자기 백성의 죄를 회개합니다. 그러자 하나님이 포로기 후에 일어날 일들을 알려 주십니다. 11장에는 남방 왕과 북방 왕의 전투가 나옵니다. 묵시 문학의 특징은 과거에 일어난 실제 역사를 말하면서 동시에 미래에 일어날 일까지 포함한다는 것입니다. 그래서 네 짐승이나 남방 왕과 북방 왕의 전투는 단순히 역사 속 바사 왕들만을 가리키는 게 아닙니다. 계속해서 등장하는 세상 권세들과 마지막 때 나타날 짐승과 적그리스도까지를 상징합니다. 이처럼 무서운 환상은 성도들을 두렵게 하려는 게 아닙니다. 오히려 용기를 주려는 것입니다. 하나님의 언약 백성은 세상이 아무리 어둡고 무서워 보여도 걱정할 필요가 없습니다. 최후 승리는 이미 정해져 있고, 인자로 오실 예수님이 결국 모든 것을 다스리실 것입니다.

묵상 노트

4일차

호세아 1-5장

오디오 바이블

언약을 깨뜨린 음녀와 신실한 하나님의 사랑

하나님이 호세아 선지자에게 주신 첫 번째 말씀은 충격적입니다. "음란한 여자를 맞이하여 음란한 자식들을 낳으라." 호세아는 창녀 고멜과 결혼해서 아이들을 낳았습니다. 그 아이들 이름이 심상치 않습니다. 첫째는 이스르엘, 이스르엘 골짜기에서 패배한다는 의미입니다. 둘째는 로루하마, 긍휼히 여김을 받지 못하는 뜻입니다. 셋째는 로암미, 내 백성이 아니라는 뜻입니다. 끔찍한 이름이지만, 이게 바로 당시 이스라엘의 현실이었습니다. 호세아는 이스라엘 백성에게 이 같은 하나님의 메시지를 전합니다. 하지만 하나님은 여기서 끝내지 않으십니다. 2장 16절에서 놀라운 약속을 하십니다. "그 날에 네가 나를 내 남편이라 일컫고 다시는 내 바알이라 일컫지 아니하리라." 그런데 이야기는 멈추지 않고 더 나아갑니다. 다른 남자를 찾아 집을 떠난 고멜을 호세아가 값을 치르고 다시 데려옵니다. 이는 언약을 신실하게 지키시는 하나님의 사랑을 보여 줍니다.

묵상 노트

5일차

호세아 6-10장

오디오 바이블

회개할 듯 돌이키지 않는 백성

하나님의 책망에 백성들이 회개하는 듯 보입니다. 하지만 하나님은 그들이 언약을 어겼다고 말씀하십니다(6:7). 아담 이후로 인간은 계속 하나님과의 약속을 어기고 자기 마음대로 살아갑니다. 이에 하나님은 이스라엘의 우상숭배 죄 때문에 형벌의 날이 임박했다고 경고하십니다. 이스라엘의 영광이 새같이 날아가 버리고(9:11), 뿌리가 말라 열매를 맺지 못하는 나무처럼 될 것이라고(9:16) 말씀하십니다. 그들이 섬기던 우상들의 산당도 모두 파괴되고, 부끄러운 것들이 다 드러날 것입니다. 하나님이 진정한 회개를 촉구하시며, 공의를 심고 인애를 거두라고 말씀하십니다. 그러나 이스라엘은 결국 참된 회개로 나아가지 못하고 하나님의 심판을 받습니다. 이스라엘은 남편을 버리고 다른 남자를 따라간 고멜과 똑같았습니다. 그렇다면 이제 희망은 없는 것일까요? 아닙니다. 길이 하나 있습니다. 그런데 그 길은 하나님이 친히 만들어 주셔야 합니다.

묵상 노트

6일차

호세아 11-14장

오디오 바이블

그 사랑은 끊을 수가 없다

이스라엘이 아무리 완고하게 우상을 섬겨도 하나님의 사랑은 끝이 없습니다. 이스라엘은 하나님을 의지하기보다 앗수르와 애굽 같은 이방 나라를 의지했습니다. 상인이 거짓 저울로 사람을 속이듯이 불의를 일삼았습니다. 하나님은 출애굽 사건과 광야의 시간을 기억하라면서, 그때 그들이 저질렀던 죄로 어떤 심판이 있었는지를 일깨우십니다. 하지만 심판조차 회복을 위한 그분의 계획 안에 있습니다. 하나님은 이스라엘에게 회개하고 죄에서 돌이켜 내게 오라고 간절히 부르십니다. 그리고 14장에서 놀라운 약속을 하십니다(14:5-8). 이 약속은 신약성경에서 성취됩니다. 예수 그리스도께서 진짜 신랑이 되셔서 죄에 빠진 우리를 끝까지 사랑하십니다. 우리를 외면하지 않으시고 친히 십자가에서 대신 죽으셔서 영원한 사랑으로 우리를 다시 사주셨습니다.

묵상 노트

소그룹

나눔

이번 한 주간 성경을 통독하면서, 기억에 남는 말씀을 나누어 봅시다.

적용

1. 세상이 악한 권세에 의해 움직이는 듯 보이나, 모든 역사는 하나님의 주권 아래 있습니다. 현실에 실망하여 하나님의 주권을 의심한 적은 없나요? 언제 그랬었나요?

2. 다니엘의 환상은 악한 짐승들은 심판을 받을 것이며, 결국 모든 나라와 권세는 '인자'의 것이라는 사실을 잘 보여 줍니다. 인자로 오신 예수님이 모든 권세를 가지고 다시 오실 심판 주라는 사실은, 억압과 불의 가운데 살아가는 신자들에게 어떤 위로와 소망을 줍니까?

3. 하나님은 고멜처럼 배신한 백성조차 끝까지 사랑하고 회복하십니다. 우리 공동체는 이러한 하나님의 사랑을 어떻게 드러내고 있나요? 우리가 실천할 수 있는 회복의 통로는 어떤 모습일까요?

기도

서로의 기도 제목을 나누며 함께 기도합니다.

MINOR PROPHETS 1

소선지서 1

QR 코드를 찍으면 '소선지서' 리딩지저스 영상으로 바로 연결됩니다

소선지서 1

● **소선지서의 기록 연대**

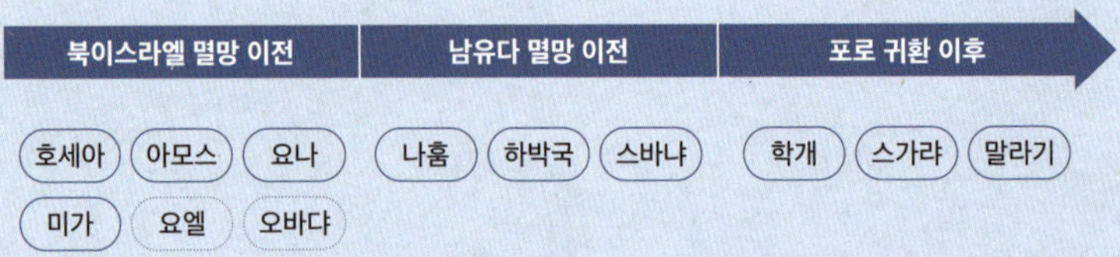

소선지서는 기원전 8세기부터 포로기 이후까지 약 400년에 걸쳐 기록된 열두 권의 예언서입니다. 이 책들은 두루마리 하나에 담겨 전해졌습니다. 각 시대 선지자가 당시 백성들에게 전한 개별 메시지이지만, 동시에 모든 세대를 향한 하나님의 연속적이고 통합된 말씀이기도 합니다.

호세아, 아모스, 미가, 요나는 주로 북이스라엘과 남유다 모두에게 회개를 촉구합니다. 나훔, 하박국, 스바냐는 바벨론에게 침략당하기 전 남유다에게 경고합니다. 학개, 스가랴, 말라기는 포로 귀환 이후 시대를 다루며, 하나님이 약속하신 회복이 여전히 유효하며 그분이 행하실 새 일을 강조합니다.

이번 주는 아모스부터 스바냐까지를 함께 읽습니다. 이 시기 선지자들의 공통된 메시지는 하나님과 이스라엘의 언약 관계를 중심으로 한 회개와 회복, 심판과 구원입니다.

이번 주 성경읽기

1일차 요엘 1장-아모스 3장

2일차 아모스 4-9장

3일차 오바댜 1장-요나 4장

4일차 미가 1-7장

5일차 나훔 1장-하박국 3장

6일차 스바냐 1-3장

1일차

요엘 1장-아모스 3장

오디오 바이블

자연 재해와 사회 정의

소선지서의 어떤 구절들은 익숙할 수 있습니다. 하지만 전체를 차분히 읽어 볼 기회는 많지 않았을 것입니다. 지난주 호세아서를 시작으로 앞으로 2주간 소선지서를 통독하며 하나님이 우리에게 주시는 메시지가 무엇인지 함께 들어 봅시다. 오늘은 요엘서와 아모스서입니다. 두 책 모두 회개를 촉구하지만, 접근 방식은 다릅니다. 요엘서는 메뚜기 떼와 가뭄 같은 자연재해를 배경으로 회개하라고 외칩니다. 아모스서는 자연재해가 아니라 사회 문제에 집중합니다. 이스라엘 사회의 정의 회복을 요구합니다. 하지만 두 선지서 모두 절망으로 끝나지 않습니다. 다른 선지서들처럼 회개의 촉구와 심판의 경고가 이어지지만, 새로운 은혜를 기대하게 합니다. 하나님의 은혜와 자비(요엘 2:12-13), 하나님의 성령을 만민에게 부어 주신다는 약속(요엘 2:28-32)은 결국 예수 그리스도를 통해 구체적으로 드러나고 그분의 사역을 통해 온전히 성취될 것입니다.

묵상 노트

2일차

아모스 4-9장

오디오 바이블

다윗의 장막을 다시 세우시는 하나님

아모스는 이스라엘의 위선을 정면으로 공격합니다. 당시 이스라엘이 제사와 절기는 잘 지켰습니다. 하지만 가난한 자들을 착취했고 하나님의 뜻은 안중에도 없었습니다. 전형적인 이중생활이었습니다. 그런 모습을 보고 하나님은 진노하셨고, 그들의 제사를 멸시하셨습니다. 아모스에게는 이스라엘을 심판하는 환상을 보여 주십니다. 겉으로 번성하던 이스라엘이 완전히 무너지고, 기쁨의 노래는 울음소리로 바뀝니다. 그렇게 열심히 섬기던 우상들도 산산조각 납니다. 그러나 하나님은 친히 그날에 다윗의 무너진 장막을 일으켜 세우실 것입니다(9:11). 하나님 백성들을 그 땅에 심고 다시는 뽑히지 않게 할 것입니다(9:15). 이스라엘의 회복은 온전히 하나님의 주권에 달려 있습니다. 그리고 그 일을 이루기 위해 하나님은 친히 사람이 되셔서 이 땅에 오실 것입니다.

묵상 노트

3일차

오바다 1장-요나 4장

오디오 바이블

모든 나라의 하나님

오바다서와 요나서는 둘 다 짧은 책이며, 이스라엘이 아닌 이웃 나라에게 메시지를 전한다는 공통점이 있습니다. 오바다서는 에돔을 향해 심판의 메시지를, 요나서는 앗수르의 수도 니느웨를 향해 회개의 메시지를 전합니다. 여기서 중요한 점을 발견할 수 있습니다. 하나님은 이스라엘만의 하나님이 아니라는 것입니다. 그래서 에돔도 관심 있게 보시고, 니느웨도 포기하지 않으십니다. 그분은 열방의 하나님이시며 모든 민족에게 사랑과 긍휼을 베푸시는 분이십니다. 요나 선지자는 무척 흥미롭습니다. 하나님 말씀에 불순종하고 도망치는 요나의 모습이 바로 이스라엘의 모습이기도 합니다. 그런데 동시에 물고기 뱃속에서 사흘 동안 있다가 나오는 모습은 그리스도의 죽으심과 부활을 예표하기도 합니다. 예수님도 직접 말씀하셨습니다. "요나의 표적밖에는 보일 표적이 없느니라"(마태복음 12:39-40).

묵상 노트

4일차

미가 1-7장

오디오 바이블

평강의 왕을 기다리며

미가서는 예수 그리스도의 탄생을 예언한 구절(5:1-9)로 잘 알려진 소선지서입니다. 모레셋 사람 미가에게 임한 하나님의 말씀을 기록한 이 책은, 이스라엘을 향한 심판(1-3장)과 그 이후에 올 회복과 소망(4-7장)을 강조합니다. 하나님은 우상과 악한 통치자를 심판하시고, 참된 평화를 이루실 것입니다. 놀라운 그 비전이 4장에서 펼쳐집니다. 칼과 창이 농기구로 바뀝니다! 사람을 죽이는 도구가 사람을 살리는 도구로 변합니다. 이것이 바로 세상의 평화와는 다른, 하나님이 주시는 평화입니다. 5장에서는 이 평화를 가져다 줄 분이 누구인지 알려 줍니다. 바로 베들레헴에서 태어날 메시아, 평강의 왕입니다. 6장 후반부터는 미가의 어조가 바뀝니다. 선지자의 1인칭 시점에서 이스라엘 백성을 꾸짖고, 7장에서는 백성과 자신을 동일시하며 회개의 기도로 나아갑니다.

묵상 노트

5일차

나훔 1장-하박국 3장

오디오 바이블

열국의 멸망과 회복의 소망

나훔은 잔혹한 강대국 앗수르의 수도 니느웨의 멸망과 심판을 예언합니다. 100여 년 전에 요나가 회개의 메시지를 선포했을 때 그들은 회개했고 하나님은 심판을 거두셨습니다. 하지만 원래대로 돌아왔습니다. 앗수르는 하나님을 대적했고 하나님 백성들을 괴롭혔습니다. 결국 앗수르는 하나님의 다른 도구인 바벨론에 의해 멸망하고 맙니다. 이어지는 하박국서는 바벨론이 강성해지지 시작할 때 쓰였습니다. 하나님이 바벨론으로 유다를 심판하겠다고 하시자, 하박국은 하나님 백성을 그렇게 심판하시는 것이 옳냐고 질문합니다. 하나님은 바벨론도 결국 그들의 악함으로 심판을 받는다고 하시면서 잠시 도구로 쓰는 것뿐이라고 말씀하십니다. 하박국은 유다가 바벨론에게 짓밟히는 모습을 지켜봐야 했습니다. 그는 아무런 열매도 없이 사라지는 나라를 보면서도 유다를 회복하실 구원의 하나님으로 인해 즐거워합니다(하박국 3:16-19).

묵상 노트

6일차

스바냐 1-3장

오디오 바이블

심판과 회복, 노래하게 하시는 하나님

스바냐는 요시아 왕 시대에 하나님의 심판과 구원을 선포했습니다(열왕기하 22-23장). 요시아 왕이 대대적인 개혁을 했으나, 백성들의 마음은 크게 바뀌지 않았고 유다 왕국은 영적으로 내리막길을 걸었습니다. 이에 스바냐는 하나님의 심판이 임박했다고 경고합니다. 그날에 이스라엘에서 죄를 범한 이들은 물론이고 이스라엘을 비방하고 괴롭힌 이웃 나라들도 처절한 심판을 받을 것입니다. 그러나 하나님의 참된 백성은 그날에 수치를 당하지 않고 하나님의 보호를 받을 것입니다. 선지서를 읽다 보면 공통점이 있습니다. 심판과 회복이 계속 반복됩니다. 왜 그럴까요? 죄는 반드시 대가를 치러야 하기 때문입니다. 그래서 심판이 없이는 회복이 찾아오지 않습니다. 그런데 신약 시대에 놀라운 일이 일어납니다. 예수 그리스도께서 하나님 백성의 죄를 십자가에서 대속하시고 구원을 베푸십니다. 그분 없이 우리의 회복은 이루어지지 않습니다.

묵상 노트

소그룹

나눔

이번 한 주간 성경을 통독하면서, 기억에 남는 말씀을 나누어 봅시다.

적용

1. 선지자들은 하나님의 심판을 경고하며 돌이키라고 하지만, 이스라엘과 유다는 끝까지 회개하지 않고 결국 앗수르와 바벨론에게 멸망당합니다. 혹시 내게도 경고를 무시하는 완고한 마음이나 돌이켜야 할 죄가 없는지 돌아봅시다.

2. 하나님은 요엘을 통해 성령을 만민에게 부어 주겠다고 약속하셨고, 스바냐를 통해 우리로 인해 기쁨을 이기지 못하신다고 말씀하셨습니다. 그 약속은 예수님 안에 있는 우리에게서 이루어졌습니다. 그 사실을 생각할 때, 어떤 감동이 찾아오나요?

3. 하박국은 상황이 전혀 나아지지 않았지만, 하나님의 임재를 경험한 후 "여호와로 말미암아 즐거워한다"라고 고백합니다. 이해되지 않는 삶의 어려움이 계속되더라도 하나님의 임재로 기뻐하는 믿음을 어떻게 회복할 수 있을까요?

기도

서로의 기도 제목을 나누며 함께 기도합니다.

MINOR PROPHETS 2

소선지서 2

QR 코드를 찍으면 '소선지서' 리딩지저스 영상으로 바로 연결됩니다

소선지서 2

학개, 스가랴, 말라기는 바벨론 포로에서 돌아온 이후를 배경으로 합니다. 성전과 성벽은 다시 세워졌지만, 백성들은 여전히 이방 나라의 통치 아래 있었고, 영적으로도 미약한 상태였습니다.

학개는 무너진 성전을 다시 세우라고 외치며, 하나님이 함께하신다는 위로의 말씀을 전합니다. 스가랴는 환상을 통해 하나님의 크신 회복 계획과 장차 오실 메시아를 생생하게 예언합니다. 말라기는 언약을 소홀히 여긴 이스라엘을 꾸짖지만, 동시에 하나님의 사랑으로 열어 가실 새로운 시대와 메시아의 오심을 기대하게 합니다. 하나님은 메시아가 오시기 전에 엘리야 같은 사자를 보내신다는 소망의 약속을 주십니다.

구약성경의 모든 이야기는 그 자체로 끝나지 않습니다. 그 너머를 바라보게 합니다. 하나님이 보내실 메시아, 곧 예수님을 통해 이루실 온전한 회복을 소망하게 합니다.

이번 주는 학개, 스가랴, 말라기를 함께 읽고, 다음 주부터는 구약성경의 여정을 마치고, 복음의 빛이 더욱 선명해지는 신약성경으로 들어갑니다. 말씀 가운데 더욱 선명하게 드러나실 예수님을 바라보며, 회복의 은혜 안에서 복음을 살아 내는 우리가 되기를 소망합니다.

이번 주 성경읽기

1일차 학개 1-2장

2일차 스가랴 1-5장

3일차 스가랴 6-10장

4일차 스가랴 11-14장

5일차 말라기 1-2장

6일차 말라기 3-4장

1일차

학개 1-2장

오디오 바이블

하나님의 집을 먼저 세우라

학개서는 바벨론 포로에서 귀환한 유다 백성들 이야기입니다. 예루살렘 귀환 후 유다 총독 스룹바벨과 대제사장 여호수아를 중심으로 성전 재건이 시작됩니다. 하지만 백성들은 시간이 지날수록 하나님의 집보다는 자신들의 집을 짓는 데 더 열중합니다. 하나님은 가뭄과 흉년이라는 재앙으로 그들의 무관심과 자기중심적 삶을 돌아보게 하셨습니다. 선지자 학개는 스룹바벨, 여호수아, 유다 백성을 독려하며 성전 건축을 다시 시작하게 합니다. 하나님은 그들이 짓는 두 번째 성전에 하나님의 영광이 충만할 것이며, 이 성전의 나중 영광이 이전보다 더욱 클 것이라고 약속하십니다.

묵상 노트

2일차

스가랴 1-5장

오디오 바이블

회복하시는 하나님

스가랴는 학개와 마찬가지로 성전 재건에 대한 메시지를 전합니다. 스가랴는 환상 중에 하나님과 여호와의 천사가 대화하는 장면을 봅니다. 하나님은 친히 예루살렘을 회복하고 자신이 거할 집을 세우겠다고 하십니다(1:13-17). 스가랴는 이어지는 여러 환상에서 이방 제국들의 완전한 멸망(1:18-21), 예루살렘의 회복(2:1-13), 사탄의 정죄를 받던 제사장이 정결해지는 모습(3:1-5)을 보게 됩니다. 이 모든 환상이 가리키는 분은 바로 이 땅에 오실 메시아, 하나님이 싹 나게 하실 하나님의 종입니다(3:8-9). 하나님은 제사장 여호수아 앞에 놓인 돌을 통해 예루살렘의 죄악을 제거하고 영원한 성전을 세우겠다고 약속하십니다. 스가랴의 환상은 삼중 구조로 이루어집니다. 가까이는 스룹바벨과 여호수아 시대에, 결정적으로는 수 세기 후 예수님이 오셨을 때, 그리고 최종적으로는 예수님이 다시 오실 때 완성될 것입니다.

묵상 노트

3일차

스가랴 6-10장

오디오 바이블

성전 재건과 왕의 임재

스가랴가 보고 들은 환상과 하나님의 말씀은 단지 예루살렘 성전 건축에 관한 것이 아닙니다. 더 큰 그림이 숨어 있습니다. 장차 오실 메시아에 대한 이야기이기도 합니다(6:12-13). 그때가 되면 하나님의 영광은 더 이상 성전을 떠나지 않고, 영원히 성전에 임재하실 것입니다. 에스겔 때처럼 하나님의 영광이 성전을 버리고 떠나는 일이 다시는 없을 것입니다. 성전의 회복은 성전이 있는 도시 예루살렘의 회복으로 이어집니다(8:1-17). 이방 나라들이 예루살렘으로 나아와 이스라엘의 하나님을 섬기게 될 것입니다(8:22-23). 스가랴서 후반으로 갈수록 메시아에 대한 예언은 점점 더 구체화됩니다. 하나님이 보내실 메시아는 겸손한 왕으로 오시고(9:9), 그가 오시는 날 흩어졌던 하나님 백성이 그분께 돌아올 것입니다(10:8-12).

묵상 노트

4일차

스가랴 11-14장

오디오 바이블

죄와 더러움을 씻는 샘

스가랴서 마지막 부분에서는 정말 아름다운 회복의 노래가 펼쳐집니다. 포로가 된 이스라엘이 돌아오고, 예루살렘이 하나님을 섬기는 도시로 회복된다는 약속입니다. 하지만 이 말씀의 대상은 단지 이스라엘 한 나라와 예루살렘 한 도시만이 아닙니다. "그날에 죄와 더러움을 씻는 샘이 다윗의 족속과 예루살렘 주민을 위하여 열리리라"(13:1). 이 예언은 이스라엘의 회복을 넘어 그리스도께서 온 세상 죄를 씻고 회복한다는 말씀입니다. 스가랴의 이 예언은 포로되었던 이스라엘이 예루살렘에 귀환하면서 먼저 이루어지고, 그리스도가 오셔서 십자가에서 우리 죄를 씻어 주심으로 완전히 성취됩니다.

묵상 노트

5일차

말라기 1-2장

오디오 바이블

막을 내리는 옛 언약 시대

말라기는 구약 시대를 마무리하는 마지막 책입니다. 이 책이 끝나면 400년간 하나님의 침묵이 이어집니다. 선지자도 없고, 환상도 없고, 하나님의 말씀도 들리지 않는 암흑기가 찾아옵니다. 말라기서는 특이하게 선지자 소개나 역사적 배경 설명 없이 그냥 "이스라엘에게 말씀하신 경고"라는 문장으로 시작합니다. 내용과 문체를 보면 느헤미야 후기에 활동한 선지자로 보입니다. 성전이 재건되고 제사장들이 세워지지만 하나님은 이스라엘의 불성실한 제사를 받지 않으십니다(1:6-14). 레위 지파를 통한 제사 제도가 서서히 막을 내리고 있었습니다(2:8-9). 하나님이 친히 회복을 허락하셨는데도 예루살렘으로 돌아온 유다 사람들은 달라지지 않았습니다. 하나님과의 언약을 더럽혔고, 결혼도 귀하게 여기지 않았습니다. 옛 언약의 시대가 끝나 가고 있었습니다. 하나님의 메시아가 이 땅에 오셔서 새 시대를 열 날이 다가오고 있었습니다.

묵상 노트

6일차

말라기 3-4장

오디오 바이블

심판과 회복의 날

새 시대가 오기 전에 누가 먼저 나타날까요? 하나님이 자신의 사자를 보내서 길을 준비하겠다고 하십니다(3:1). 말라기가 묘사하는 '그가 임하시는 날'은 심판의 날인 동시에 정의가 실현되는 날입니다(3:2). 하지만 그날에도 하나님은 신실하게 그분의 백성을 구원하실 것입니다(3:6). 한편, 하나님은 하나님의 것을 도둑질하는 유다 백성을 책망하십니다. 십일조를 온전히 바치지 않은 그들의 불신앙을 꾸짖으시고, 믿음으로 받을 복을 약속하십니다(3:11-12). 그날이 되면 하나님은 그분이 정한 백성을 특별한 소유로 삼으시고, 의인과 악인을 확실히 구분하실 것입니다(3:17-18). 하나님은 회복과 심판의 날이 다가오고 있음을 알리시며, '그가 임하시는 날'이 이르기 전에 엘리야와 같은 선지자를 보내 회개하게 하실 것을 약속하십니다. 이 약속은 세례 요한과 그리스도이신 예수님의 오심으로 성취됩니다.

묵상 노트

소그룹

나눔

이번 한 주간 성경을 통독하면서, 기억에 남는 말씀을 나누어 봅시다.

적용

1. 예루살렘에 돌아온 백성들은 새 성전의 초라한 외형을 보고 낙심했습니다. 하나님을 위한 우리의 섬김이나 헌신이 보잘것없다거나 헛되다고 느낀 적 있나요? 무엇때문에 그런 느낌이 들었나요?

2. 스가랴는 오실 메시아가 대제사장이자 왕으로 오시며, 겸손히 나귀를 타고 오시고, 찔리고, 팔리고, 결국 온 세상의 왕이 되실 것이라 예언했습니다. 이 예언이 예수님 안에서 성취되었다는 사실이 내게는 어떤 감격과 소망으로 다가오나요?

3. 성전과 성읍을 다시 세웠지만 여전히 초라해 보일 때, 하나님은 회복의 완성을 약속하고 메시아를 기다리게 하셨습니다. 내 삶에도 아직 완성되지 않아서 낙심되는 영역이 있다면 무엇인가요? 예수님을 통해 회복하시겠다는 하나님의 약속을 신뢰하며, 지금 내가 실천할 수 있는 작은 순종은 무엇일까요?

기도

서로의 기도 제목을 나누며 함께 기도합니다.

"또 이르시되
내가 너희와 함께 있을 때에 너희에게 말한 바
곧 모세의 율법과 선지자의 글과 시편에
나를 가리켜 기록된 모든 것이
이루어져야 하리라 한 말이 이것이라 하시고
이에 그들의 마음을 열어 성경을 깨닫게 하시고"

누가복음 24장 44-45절

WESTMINSTER
THEOLOGICAL SEMINARY
EST. 1929

Korean Master of Arts in Theological Studies

한국어 신학연구 석사과정

소개

웨스트민스터 신학교의 한국어 신학연구 석사과정(KMATS)은
성경의 진리를 삶과 일터, 사역의 현장 등 삶의 모든 영역에 적용할 수 있도록
돕는 목회자, 선교사, 평신도 모두를 위한 프로그램입니다.

특징

1. 세계적 명성의 웨스트민스터 교수진
2. 원하는 시간과 장소에서 학습 가능
3. 100% 온라인 전 세계 어디서나 강의 수강
4. 아이비리그 대학에서 사용하는 플랫폼

교육과정

12	10	4	1.5
과목 이수	1학기 10주	1년 4학기	1.5 - 3년 소요

졸업 요건 : 12과목 이수 + 졸업 총괄평가

졸업 총괄평가는 졸업 시험, 소논문, 현장 적용 연구 중 하나를 선택하여 수행할 수 있습니다.

교수진

피터 릴백

이안 더귀드

번 포이트레스

데이비드 가너

윌리엄 에드가

브랜든 크로우

조나단 깁슨

싱클레어 퍼거슨

리처드 개핀

과목

필수 과목

구약성경과 그리스도 이안 더귀드, 조나단 깁슨, 번 포이트레스

신약성경과 그리스도 브랜든 크로우, 리처드 개핀, 번 포이트레스 (초청 강사: 데이비드 브리오네스)

성경 해석 원리 번 포이트레스

조직신학 개론 데이비드 가너

교회사 개론 피터 릴백

변증학 개론 윌리엄 에드가 (초청 강사: 다니엘 맥브라이드, 밥 크래머)

신론: 하나님을 아는 지식 싱클레어 퍼거슨

구원론: 그리스도와의 연합 싱클레어 퍼거슨

구약성경 적용 이안 더귀드

신약성경 적용 브랜든 크로우

선택 과목 (3과목 중 택2)

기독교와 문화 윌리엄 에드가 (초청 강사: 팀 켈러)

과학과 신앙 번 포이트레스

예배를 위한 성경신학 이안 더귀드

문의

www.wts.edu/kmats

kmats@wts.edu

+1 215-572-3852 (미국) 02-2289-9081 (한국)

카카오톡에서 "KMATS"을 검색하여 문의

프로그램 페이지

WESTMINSTER
THEOLOGICAL SEMINARY
EST 1929

Korean Theological Studies Certificates

한국어 신학연구 수료과정

소개

한국어 신학연구 수료과정은 전체 학위 과정을 이수하지 않고 웨스트민스터 신학교 교육과정의 핵심이 되는 네 과목만을 선택하여 신학적 기초와 적용의 토대를 다질 수 있는 프로그램입니다.

대상

☐ 성경에 기반한 개혁신학을 공부하고 싶은 **교회 중직자** 또는 **평신도**
☐ 주일학교 사역자가 없는 교회에서 사역자에 준하는 역할을 감당하고 있는 **평신도 직분자**
☐ 성경과 신앙을 기초로 교육하는 기독교 학교 및 대안학교 **교사**
☐ 기독교 세계관을 일터에 적용하고자 하는 **전문직 종사자** 또는 **크리스천 사업가**
☐ 해외 선교지 현장에서 신학 훈련이 필요한 **평신도 선교사**
☐ 신학적 토대를 다지고 싶은 목회자 **사모**

교육과정

4
과목 이수

100
100% 온라인

10
1과목 10주

1
6개월 - 1년 소요

트랙 1 Foundations of Theology Certificate (FTC)

웨스트민스터 신학입문 수료과정

웨스트민스터 신학교의 교육 이념과 신학적 핵심을 배우는 개론 과목으로 구성되어 있는 프로그램입니다. 성경의 통일된 메시지를 이해하고 복음과 신앙, 일, 문화 등을 성경적 세계관으로 바라볼 수 있도록 합니다.

과목

1	2	3	4
구약성경과 그리스도	신약성경과 그리스도	변증학 개론	조직신학 개론

트랙 2 Christ-centered Biblical Interpretation (CBI)

그리스도 중심 성경해석 수료과정

성경의 중심 메시지가 예수 그리스도라는 확신 가운데 성경을 그리스도 중심으로 읽고 가르치며, 삶과 사역의 다양한 영역에 적용하고자 하는 분들을 위한 프로그램입니다. 이 과정을 통해 성경의 진리를 깊이 있게 연결하는 원리를 배우게 될 것입니다.

과목

1	2	3	4
구약성경과 그리스도	신약성경과 그리스도	성경해석의 원리	구약성경 적용 신약성경 적용 2과목 중 택1

학생 후기

"수업에 일 년 정도 참여한 사람으로서 가장 좋았던 점은 매 학기 교수님들의 강의가 모두 한 방향을 갖고 있다는 점입니다. 그 방향은 성경 안에서 그리스도를 바라봐야 한다는 것입니다. 개혁주의 신앙 체계 안에서 바른 신학을 가르쳐 주셔서 감사합니다." (조직신학개론 수강 학생)

프로그램 페이지

리딩지저스

1권
창세기-여호수아

2권
사사기-에스더

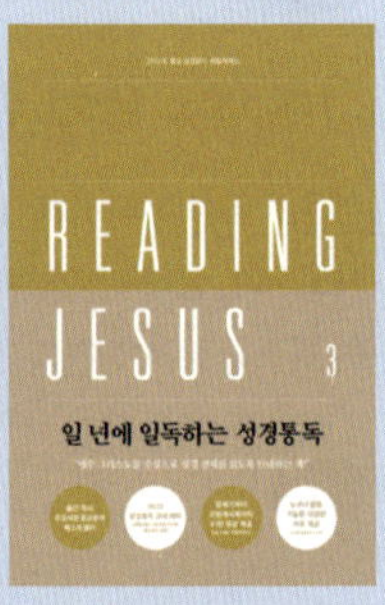

3권
욥기-아가

4권
이사야-말라기

5권
마태복음-로마서

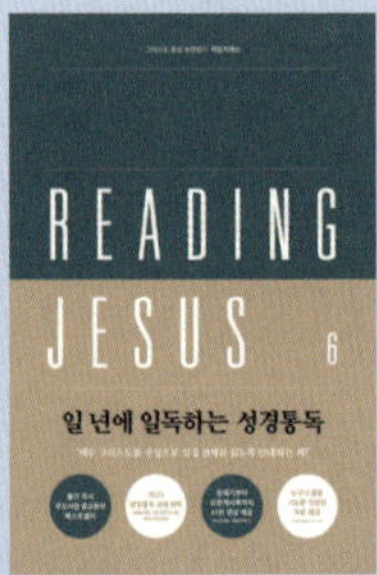

6권
고린도전서-요한계시록

리딩지저스
성경통독
라이트

1권
창세기-여호수아

2권
사사기-에스더

3권
욥기-아가

4권
이사야-말라기

5권
마태복음-로마서

6권
고린도전서-요한계시록

미국 웨스트민스터 신학교는
그리스도와 전 세계에 있는 그의 교회를 위하여
1929년에 설립되었습니다.

웨스트민스터 신학교는 설립된 이래로 한결같이
성경이 무오하고 권위 있는 하나님 말씀이라는 신념으로
학문적 탁월성과 그리스도 중심적 성경 해석에
철저히 헌신해 왔습니다.

지난 90여 년간 하나님의 은혜로
웨스트민스터 신학교를 통해
한국 교회와 전 세계 교회를 섬기는 지도자들이
배출되었습니다.

이제 그 자리에서 함께할 당신을 기다립니다.

설립 100주년을 맞이하며 웨스트민스터 신학교는 한국 교회와
함께 전 세계 교회를 섬기는 비전을 품고 앞으로 달려 나갑니다.

한국 사역 | 리딩지저스 | **한국어 신학연구 석사 과정** KMATS | **한국어 목회학 박사 과정** KDMIN

READING
JESUS
LIGHT 4

리딩지저스는 성경을 그리스도 중심으로
창세기부터 요한계시록까지
일 년에 일독하는 성경통독 교재입니다.

1권 창세기 - 여호수아
2권 사사기 - 에스더
3권 욥기 - 아가
4권 이사야 - 말라기
5권 마태복음 - 로마서
6권 고린도전서 - 요한계시록

ISBN 979-11-92860-13-8 04230 값 6,000원

READING JESUS

리딩지저스 성경통독 라이트

그리스도 중심 성경읽기

5

마태복음-로마서

LIGHT

WPK

READING
JESUS

리딩지저스는 웨스트민스터프레스코리아가 펴내는
'성경공부' 시리즈입니다.

책임편집 박동욱 디자인 이차희